U0033764

中國國民黨
中央政治會議紀錄

—— 上海分會 ——

Minutes of Central Political Council:
Shanghai Sub Political Council

導言

　　「中央政治會議」（簡稱中政會），原是 1924 年
國民黨改組時期的產物。該會自 1924 年建立到 1940 年
代，其名稱、組織、人事、功能，隨時局迭有變遷。概
略地說，改組前，國民黨的組織採總理制，孫中山是不
二的黨魁；改組後取委員制，這是有鑑於中央執行委員
人數太多（41 人），運作不易，孫中山聽取俄國顧問鮑
羅廷（M. Borodin）的建議，仿俄共中央政治局的模式，
建立一個核心、人少的中政會，以為運作靈活的決策中樞。
　　孫中山過世之前，中政會設在廣州，南方的凝聚、
國共糾紛的處理，是他們首要的工作。廣州中政會隨
孫中山北上移往北京，1925 年孫中山過世後，遷回廣
州。這時他們主要的重頭戲是總理過世後，國民黨政治
權力的傳承與轉移，這過程中鮑羅廷的角色，動見觀
瞻。1926 年 1 月，國民黨第二次全代會修正的黨的「總
章」，賦與中政會黨規上的合法性。接著的二屆一中全
會（1926 年 1 月 23 日）通過〈政治委員會組織條例〉（全
文如附件），推定汪精衛、譚延闓、胡漢民、蔣中正、
伍朝樞、孫科、譚平山、朱培德、宋子文為委員，並同
意在重要地方可設立地方分會，自是北伐後中央政治會
議各地設立分會有了正式法源。由於中政會與中常會，

不論委員人選或權力分配上，均有疊床架屋之虞，1926年7月初，中常會決定將兩會合併為「中央政治會議」，委員有26人。但因為時局動盪，中政會在國共爭執、黨內左右派互爭下，權力起伏不一。

1927年3月，在軍事北伐過程中，武漢國民黨左派勢力集結，又改中政會為政治委員會；在南昌的國民黨中央，則仍依廣州中政會常規以政治會議持續運作，後來逐漸演變為寧漢分裂的局面。當1927年9月，寧漢合作，中央特別委員會在南京成立，中政會也宣告消失，該年12月底，特委會結束，1928年1月7日，中執會首先恢復了中常會；1月11日，恢復中政會，仍稱為政治會議。1928年2月3日，國民黨二屆四中全會通過議案，決定設置廣州、武漢、開封、太原四個政治分會，稍後並由李濟深、李宗仁、馮玉祥、閻錫山分任主席，各有歷史淵源、特定轄區、各具現實意義。中政會是國民黨中央執行委員會特設的政治指導機關，其決議由中執會交國民政府執行，地方分會則秉承中政會的決定，在特定地區內有指導、監督該地最高政府之權力。這些地方分會常隨政治變動而變動，中政會則持續運作，直至1940年代才告一段落。

1926年1月，國民黨第二次全代會，既有決議國民政府所在地設立政治委員會，必要時可以在重要地點分設政治指導機關之規定，於是中政會地方分會先後成立，並隨政局變動不居，自有其任務和角色。目前中政

會北京、廣州、上海及太原地方政治分會留存有會議紀錄，依檔案略窺其設置情形如次：

一、 中央政治會議北京（北平）政治分會。1926 年 3 月 1 日，北京首先設立分會，當時仍在國共合作時期，故可看到中共黨員的身影。此分會委員初期包括于右任、丁惟汾、于樹德、李大釗、顧孟餘、陳友仁、劉守中、吳稚暉、李石曾、王法勤、徐謙等人。根據現存 1927 年 5 月 10 日的北京分會會議紀錄，出席人有李希逸、王法勤、江浩、徐謙、吳玉章、方如心、陳濤、陳公博等，可見不同時期有不同的人事安排。1928 年 7 月，北伐告一段落，國共分裂，分會重建，更名為中政會北平臨時政治分會。委員會成員大半來自中央委員，以及對該地區有影響力的軍政人員。1928 年 7 月 17 日，北平臨時分會正式成立，轄區有京兆、直隸、熱河、山西、平津。當時出席的委員有閻錫山、蔣作賓、劉守中、白崇禧、陳調元、李宗侗，後來又有林森、張繼、李石曾、商震、劉震華、方振武、何其鞏等人。北平臨時分會會議紀錄始於 1928 年 7 月，至 1929 年 2 月 1 日止，共40 次。

二、 中央政治會議廣州政治分會。1926 年 10 月，北伐軍克復武漢，國民政府及國民黨中央北遷，中政會亦隨之北移，因後方根據地地位重要，中政會乃決定

在廣州設立分會，該分會於 12 月 21 日成立。次年
9 月間，中央特委會雖然取消中政會，但廣州分會
仍然維持。1928 年 2 月二屆四中全會，再確定設立
廣州政治分會，並規定兩廣為政治指導區，委員先
後有李濟深、甘乃光、戴傳賢、黃紹竑、陳孚木、
朱家驊、李福林、林雲陔、李文範、馮祝萬、陳樹
人、陳銘樞、陳可鈺等人。現存 1926 年 12 月 21
日至 1929 年 3 月 9 日，第1 至 184 次會議紀錄。

三、中央政治會議武漢政治分會。1926 年 9 月 18 日，
　　移往南昌的第 22 次中政會決定在武漢設立分會。
　　待政府遷鄂，並未成立此會。次年中央特別委員會
　　時期，唐生智另組中政會武漢分會，委員有唐生
　　智、顧孟餘、陳公博、王法勤、潘雲超、陳樹人、
　　楊嘉祐、朱霽青、王樂平、孔庚、劉成禺、樊鐘
　　秀、方振武、魯滌平、劉興、何鍵、李品仙、鄧壽
　　荃、周斕、葉琪、王琪、李書城、馮慶柱等人。唐
　　生智敗後，解散。1928 年 2 月，中央二屆四次全
　　會決定設立武漢分會，以兩湖為指導區，同年 5 月
　　16 日正式運作，委員先後有李宗仁、程潛、白崇
　　禧、胡宗鐸、張知本、嚴重、陳紹寬、李隆建、張
　　華輔、劉嶽峙、魯滌平等人。現存 1928 年 5 月16
　　日至1929 年 2 月 19 日，第1 至49 次會議紀錄。

四、中央政治會議上海臨時政治委員會。1927 年 2 月
　　21 日，中政會第 62 次會議決定在上海設立臨時政

治委員會，同月 26 日第 64 次中政會通過〈上海
臨時政治委員會條例〉七條。同一年 4 月 8 日國
府定都南京後，正式成立中政會上海臨時分會，主
管上海市政治、軍事、財政事務。委員先後有吳稚
暉、蔡元培、鈕永建、陳其采、蔣尊簋、楊樹莊、
何應欽、葉楚傖、陳果夫、郭泰祺、林煥廷、吳忠
信、白崇禧、楊賢江、楊銓、褚民誼、潘公展、孟
心史、張性白、歐陽格、吳倚傖、陳群。到 1927 年
7 月，上海特別市政府成立，取消了分會。現存1927
年 4 月 8 日至 7 月 1 日，第 1 到 38 次會議紀錄。

五、 中央政治會議太原臨時政治分會。先是中政會第
103 次會議雖議決設置太原分會，但未正式成立。
至 1928 年 2 月，中央二屆四次全會決議設立太原
分會。1928 年 8 月正式成立，委員會有閻錫山、
趙戴文、賈景德、南桂馨、商震、馬駿、溫壽泉、
田桐、方本仁、張勵生、祁慈厚等。以山西、綏
遠、察哈爾為政治指導區，現存 1928 年 8 月 21 日
至 9 月 7 日，第 1 至 6 次會議紀錄。

　　以上五分會之會議紀錄，均依原件錄存，備供學術
研究之需。

　　依記載，1927 年，國民政府定都南京後曾設立中
政會浙江分會，到中央特別委員會成立時取消；1927

年 6 月 13 日，曾設立中政會開封分會，主理陝、甘、豫諸省政軍事務，何時結束，無案可稽。此二分會均無會議紀錄留存，只能從闕。

附件
中央執行委員會政治委員會組織條例
—— 中國國民黨二屆四中全會（民國15年1月23日）通過

常務委員會提出「中央執行委員會政治委員會組織條例」共計七條如下：

（一）政治委員會，為中央執行委員會特設之政治指導機關，對於中央執行委員會負其責任。

（二）政治委員由中央執行委員會推任之。

（三）政治委員會，認為必要時，得推任同志在某地方組織分會，其權限由政治委員會定之。

（四）政治委員會設委員若干人，候補委員若干人，政治委員有缺席時，由出席之候補委員依次遞補，有臨時表決權，餘只有發言權。

（五）中央執行委員會，得聘任政治執行委員會顧問，在政治委員會只有發言權。

（六）政治委員會，由委員互推一人為主席。

（七）政治委員會，設秘書主任一人，秘書辦事員書記若干人，由主席任命並指揮之。

編輯凡例

一、本書收錄中國國民黨1927年設於上海之中央政治會
　　議分會會議紀錄。

二、本書材料來源為油印本原稿，為保留原意，贅字、錯
　　字等均不予更正。原稿中標注無法確認文字之□，
　　亦予保留。

三、本書原稿為無標點文件，為便於閱讀，於決議案及附
　　錄原呈加具標點，案由則為保留原題，不註標點。
　　又挪抬、平抬等書寫格式，一概從略。

四、古字、罕用字、簡寫字、通同字，若不影響文意，均
　　改以現行字標示，恕不一一標注。

五、本書改原稿之豎排文字為橫排，惟原文中提及「如
　　左」等文字皆不予更動。

目　錄

議事錄

中國國民黨上海臨時政治分會議事錄

1927 年 4 月 8 日至 7 月 1 日

第一次會議

十六年四月八日星期五上午十時

在上海新西區

出　　　席：楊樹莊　葉楚傖　陳果夫　白崇禧

　　　　　　楊杏佛　何應欽　蔣尊簋　吳忠信

　　　　　　陳其采　郭泰祺　蔡元培

臨時代理主席：楊樹莊

記　　　錄：狄　膺

（甲）報告事項

一、陳委員果夫報告本會成立經過情形：

略謂本年二月二十一日，中央執行委員會政治會議第六十二次會議議決組織上海臨時政治委員會，派吳敬恆、蔡元培、鈕永健、楊樹莊、蔣尊簋、陳其采、何應欽、陳果夫、郭泰祺、葉楚傖、楊銓、林煥廷、楊賢江為委員，吳敬恆為代理主席。同月二十六日，第六十四次政治會議又議決通過上海臨時政治會議條例七條，至三月三日第六十六次政治會議又決議加派白崇禧、吳忠信為上海臨時政治委員會委員，現本會共有委員十五人全在上海，故於

今日開第一次會議宣告成立。

二、狄秘書膺宣讀第六十二次中央政治會議通過交付本
會執行之中央對滬方略全文及六十七次中央政治會
議所議決之對上海臨時簡要辦法四項全文。

三、狄秘書膺宣讀第六十四次中央政治會議所通過之上
海臨時政治委員會條例七條全文如下：

上海臨時政治委員會條例

第一條　上海臨時政治委員會（以下簡稱本會）由
　　　　中央黨部政治會議議決組織之。

第二條　本會承中央黨部政治會議之命令，得以會
　　　　議方式決定上海市一切軍事政治財政之
　　　　權，全市軍事政治財政各機關須受本會決
　　　　議處理一切軍事政治財政。

第三條　本會設主席一人、委員十三人，於必要時
　　　　得添設委員。

第四條　本會主席由中央黨部政治會議主席兼任之主
　　　　席因事缺席，得指定委員中一人代理之，
　　　　本會委員由中央黨部政治會議指定之。

第五條　本會須將開會情形及議決案隨時呈報中央
　　　　政治會議及國民革命總司令，如有特別重
　　　　要問題須經中央黨部政治會議核准施行。

第六條　本會辦事規則由本會會議另行制定之。

第七條　本條例經二月二十六日由第六十四次政治
　　　　會議決議通過頒布施行。

（乙）討論事項

一、葉委員楚傖提議在發表本會條例時同時發表布告及
　　通電，根據中央黨部政治會議決議，本會業於四月
　　八日成立，即日開始辦公，地點暫在新西區舊道尹
　　公署。

決議：通過。

二、決議公推楊銓、葉楚傖、陳果夫三同志起草本會辦
　　事規則及會議規則。

三、白委員崇禧提議現在本會大體計劃亟待決定，應於
　　每日上午十時至十二時開會一次，俟各要項處分就
　　緒再規定每星期開會日期。

決議：通過。

四、決議刊牙章二方。

　　其一文曰「中國國民黨上海臨時政治委員會」。

　　其二文曰「上海臨時政治委員會秘書處」。

第二次會議

十六年四月九日上午十時

在上海新西區

出　　　席：葉楚傖　陳其采　蔡元培　林煥廷

　　　　　　吳忠信　白崇禧　郭泰祺　楊樹莊

　　　　　　陳果夫　蔣尊簋　楊杏佛

臨時代理主席：白崇禧

記　　　錄：狄　膺

（甲）討論事項

一、葉委員楚傖、楊委員銓、陳委員果夫提出所起草之
　　本會會議規則十二條，請決定。（全文錄下）

中國國民黨上海臨時政治委員會會議規則

　　一、本會會議以本會委員過半數之出席舉行之。

　　二、本會會議主席缺席時由委員臨時推定之。

　　三、本會會議各項議案以出席委員過半數之贊成
　　　　決定之。

　　四、委員缺席須先期函本會秘書處陳述理由，非
　　　　經本會認可不得自由委託代表。

　　五、本會議議題由先一次會議制定議程分送委
　　　　員，如有臨時動議由主席臨時支配之。

　　六、本會議之議事錄及議決案須經主席簽字。

　　七、本會議得設置各項專門委員會及臨時指定審
　　　　查委員。

八、本會議應行公布之決議案及文件由會議決定之。

九、本會議無旁聽，但於必要時得約議案關係人出席報告。

十、本會議每週編行會議公報一期。

十一、本會議遇有特別事故急須應付而又未滿開會人數時，得以委員三分之一出席開談話會負責處理，要求正式會議之追認。

十二、本會議規則於通過委員會後執行，但隨時得以委員會之決議修改之。

決議：通過。

二、葉委員楚傖、楊委員銓、陳委員果夫提出所起草之本會辦事規則六項請決定（全文錄下）。

中國國民黨上海臨時政治委員會辦事規則

一、常務委員

（1）本會推定常務委員三人（一）主任文牘（二）主任會計（三）主任應接。

（2）常務委員辦公時間為每日　　午　　時至　　時。

（3）常務委員得指揮秘書處處理本會日常事務。

（4）常務委員請假時，得委託委員中一人代理之。

二、秘書處

（1）秘書處設秘書三人，書記、錄事若干人。

　　（2）秘書處之辦公時間尋常為上午九時至下午
　　　　五時，遇必要時得延長之。

　　（3）秘書處辦事細則及薪給由委員會制定之。

　　（4）秘書處職員在辦公時間內不得兼任他事。

　　（5）秘書處職員對於本會之文件及決議案，除
　　　　會議決定發表者外概守秘密。

三、文牘・會計

　　（1）本會對外文牘須由常務委員簽發。

　　（2）本會經常費之預算決算須由委員會核准。

四、委員會所設置之各項委員會其辦事規則另定
　　之，但須經委員會之核准。

五、秘書處於必要時得設分科其辦事規則另定之，
　　但須經常務委員之核准。

六、此項辦事規程隨時得由委員會修改之。

決議：通過。

三、決議推葉楚傖、林煥廷、郭泰祺三委員為常務委
　　員，葉委員主任文牘，林委員主任會計，郭委員主
　　任應接。

四、決議本會委員中任軍事財政重職者應常川出席，遇
　　不能出席時得委託一人為代表，先期將代表姓名函
　　送本會秘書處，經本會核准後方得出席，現認為下
　　列三委員有派代表之必要：

　　一、楊樹莊　　二、白崇禧　　三、陳其采。

五、白主席崇禧葉委員楚傖提議現在上海各種問題複

雜，擬請各委員分任研究提出書面報告以便下次開
會時討論。

一、指導上海特別市黨部問題，擬推吳敬恆、楊
　　銓、林煥廷、葉楚傖四同志擔任研究。

二、上海市政府問題，擬請楊銓、郭泰祺兩同志
　　擔任研究。

三、上海市教育問題，擬請蔡元培、楊銓兩同志
　　擔任研究。

四、上海財政委員會問題，擬請陳靄士、林煥廷及
　　陳輝德三同志擔任研究。

決議：照辦。

第一次談話會

十六年四月十日上午十時

在上海新西區

出　　　席：吳忠信　陳其采　蔣尊簋　林煥廷

　　　　　　郭泰祺　葉楚傖　白崇禧

　　　　　　楊樹莊（李景曦代）　陳果夫

臨時代理主席：白崇禧

記　　　錄：狄　膺

（甲）討論事項

一、楊委員樹莊函稱日內將外出特派海軍總司令部參謀
　　長李景曦代表出席請察照

決議：照准。

二、大夏大學委員會呈報九日侵晨該校被英兵英捕越界
　　搜查掠奪國旗學生受傷者六人損失物件甚多請飭上
　　海交涉員嚴重交涉

決議：函知該委員會及學生會，已令上海交涉員嚴重交
　　　涉，並派狄膺前往慰問受傷學生。

三、決議通知各委員以下列兩條。

　　一、每會非有萬不得已之事故，務必到會。

　　二、每日准上午十時開會，委員到會務望遵照規定
　　　　時刻。

第三次會議

十六年四月十一日上午十時

在上海新西區

出　　　席：蔡元培　蔣尊篔　葉楚傖

　　　　　　楊樹莊（李景曦代）　林煥廷　白崇禧

　　　　　　郭泰祺　吳忠信　陳其采　陳果夫

臨時代理主席：白崇禧

記　　　錄：狄　膺

（甲）報告事項：無
（乙）討論事項

（一）決議：派陳羣、潘宜之、羅家倫、吳倚傖往上海
　　　　特別市黨部指導工作。

（二）決議：組織教育委員會人選另定。

（三）決議：設立一委員會，調查上海市各地方機關之
　　　　性質系統及現狀，報告本會設計進行。

（四）決議：在本會未議定如何處理上海市各地方機關
　　　　以前，上海市公所職員不得將該公所及附屬機關
　　　　交與任何人接收。

（五）上海市公所總董李鍾玨董事楊逸等呈稱上海市黨
　　　　部及市政府迭次派員接收該所現已將一切事務清
　　　　理結束呈請核示遵行由

決議：以本案決議案第四復之。

（六）蔡委員元培提議函南洋大學周仁杜光祖胡明復同濟
　　　大學許陳琦孟心如美堅暨南大學姜伯韓政治大學
　　　陳望道劉大白中國大學何魯商科大學及商業專門
　　　金侶琴潘序倫請負責維持各該大學現狀早日開學

決議：照辦。

（七）決議：本會經費由常務委員提出預算經委員會
　　　核准。

（八）決議：通過秘書處職員名單。

　　　狄　膺　　文牘秘書

　　　林仲川　　會計秘書

　　　吳國楨　　應接秘書

　　　葛建時　　記錄

　　　吳鍊才　　書記

　　　于心澄　　書記

　　　孫　顯　　錄事

　　　周平瀾　　錄事

　　　朱有恒　　錄事

第四次會議

十六年四月十二日上午十時

在上海新西區

出　　席：吳忠信　林煥廷　楊樹莊（李景曦代）

　　　　　葉楚傖　郭泰祺　陳其采（錢永銘代）

　　　　　陳果夫　白崇禧　蔣尊簋

臨時代理主席：白崇禧　蔡元培

記　　錄：狄　膺

（甲）報告事項

（一）陳委員其采函稱因解決浙省財政問題赴浙請錢永
　　　銘代表出席

決議：通過。

（二）上海市公所總董李鍾珏函復奉政委員第三次會議議
　　　決在政委會未議定如何處理上海市各機關以前上
　　　海市公所職員不得將該公所及附屬機關交與任任
　　　何人接手等語當遵命辦理

（三）陳委員其采報告財政情形

（乙）討論事項

（一）決議：推蔣尊簋、湯濟滄、朱文鑫、虞和德、張一
　　　鳴組織上海市內各地方機關調查委員會。

（二）決議：關於軍事當局報告處分工人械鬥方法，本會
　　　認為適當加以信任。

（三）上海商業聯合會主席虞和德等呈請備案

決議：由葉委員楚滄、蔣委員尊簋、陳委員其采組織審
　　　查委員會，先付審查。

（四）上海南市商民協會臨時執行職委員會陳奎彙等呈請
　　　備案

決議：准予備案。

（五）江蘇省教育會函告上海特別市中小學校教職員聯
　　　合會上海市黨部已遷入該會會所惟該會組織及資
　　　產現仍暫行保管聽候政府命令辦理請備案並請核
　　　議示遵

決議：留交教育委員會審查。

（六）上海縣長邵樹華呈稱縣教育局局長李宗鄴呈請辭
　　　職應否照准請核示

決議：令上海縣縣長責成李局長暫行負責保管款產契據
　　　卷宗清冊，聽候本會核示辦理。

（七）江蘇上海地方檢察廳檢察長孫紹康呈稱為改良司
　　　法制度及節省經費計擬將該廳廳務移交同級審判
　　　長就近接收否則另派員接替候核議示遵

決議：由該檢察長暫維現狀，聽候江蘇省政府命令辦理。

（八）上海南市公民顧子文王愚盦呈稱南市保衛團武裝
　　　團員挨戶勒捐擾亂地方請嚴加取締重行組織

決議：交警察廳查明核辦具報。

（九）江蘇第二監獄典獄長吳棠呈稱現當新陳代謝系統
　　　未明獄政職守兩有窒礙請加給委狀俾得勉維獄務

決議：應由該典獄長開具每月經費預算數月呈報，本會
　　　再憑核辦。

（十）上海縣地方款產管理處處長泰錫田呈稱本月十一
　　　日奉上海特別市臨時市政府訓令即日派員接收房
　　　捐徵收處當時因交代手續煩瑣請市政府所派兩委
　　　員暫緩接收查房租充全縣市業之用度需用浩繁應
　　　否將該徵收處移交市政府請批示遵行

決議：交上海縣縣長，暫照向例收支保管。

第五次會議

十六年四月十二日上午十時

在上海新西區

出　　席：吳忠信　葉楚傖　蔣尊簋　林煥廷

　　　　　楊樹莊（李景曦代）

　　　　　白崇禧（潘宜之代）

　　　　　陳其采（錢永銘代）

　　　　　陳果夫　郭泰祺　楊杏佛

臨時代理主席：蔣尊簋

記　　　錄：狄　膺

（甲）報告事項

一、白委員崇禧函稱軍政冗忙不能與會特派潘宜之代表
　　出席

決議：照准。

二、蔡委員元培函稱因牙痛不能出席明晨又擬往寧請給
　　假數日

三、葉委員楚傖蔣委員尊簋陳委員其采報告審查上海商
　　業聯合會章程等尚無不合應暫予備案

決議：在商會法未頒布以前准予暫行備案，並由本會隨
　　　時指導進行。

（乙）討論事項

（一）決議：自本會成立以後，關於上海市區內之政治

事件應由本會議決，由各主管機關執行。其他各機關未經本會議決，如有越權行動，一概無效（暫不通告）。

（二）決議：密令上海交涉員同淞滬警察廳廳長逮捕傅宗耀，聽候查辦。

（三）決議：組織宣傳委員會隸屬本會，推葉楚傖、郭泰祺、楊杏佛、潘宜之負責接洽籌備。

（四）決議：上海總商會由上海商業聯合會接收改組，並指定虞和德、王震、吳薀齋、錢永銘、陳輝德為接收委員。

（五）上海中法國立工業專門學校學生會呈請派員接收校務

決議：留交教育委員會核辦。

（六）林會計主任造具本會預算表計開辦費三佰三十五元每月經常費用二千一百六十三元特別費一萬元總需大洋一萬兩千四百九十八元

決議：通過，函請財政部照撥。

第二次談話會

十六年四月十四日上午十時

在上海新西區舊道尹公署

出　　　席：楊樹莊（李景曦代）　郭泰祺

　　　　　　陳其采（錢永銘代）　吳忠信

　　　　　　白崇禧（潘宜之代）　蔣尊簋

臨時代理主席：蔣尊簋

記　　　錄：狄　膺

（甲）報告事項

一、白委員崇禧函稱因公請假請潘宜之同志出席請照准

決議：照准。

二、上海工界聯合總會常務委員黃恢權等函賀本會成立

三、上海縣縣長邵樹華呈報縣屬行政範圍事項附呈清摺
　　一扣請鑒核令遵

四、陳光甫四月十三日函稱財政部辦事處現已成立上海財
　　政委員會似可無須進行請查照

決議：俟總司令覆電再定。

（乙）討論事項

一、滬南各商號嚴大德堂藥房等呈稱南市董家渡兩保衛
　　團前為統一防務起見合組上海市區保衛團乃自本月
　　六日起尚有荷槍實彈自稱南市保衛團團員向各商號
　　挨戶勒捐究竟該團如何組織何人主持請派員澈究

決議：交警察廳查復。

二、上海市區保衛團正團長朱少沂等呈報該團改組情形請核准

決議：交警察廳查復。

三、上海寶山兩縣保衛團第一團團總王棟呈報該團組織情形及各隊駐防所在地請鑒核備案

決議：交警察廳查復。

四、江蘇省教育協會發起人代表林立山等呈報組織該會情形附呈該會章程各縣市組織大綱請求備案並請飭前江蘇教育會迅速將全部文卷房屋產業等移交該會接管

決議：俟教育委員會成立後再行核辦。

五、江蘇省教育協會呈報該會改選執行委員情形請批准立案並准將前江蘇省教育會房屋文卷接收保管

決議：交教育委員會併案辦理。

六、上海市鄉行政聯合會呈報上海市鄉各公所接收紛擾情形並稱上海市已奉有本會公函有所遵循此外十八市鄉是否一律照辦請核議示遵

決議：與上海市公所同樣辦理，除函復該會外，另函上海縣縣長通令各市鄉一律遵行。

七、決議：派蔡元培、李石曾、張默君、王世杰、周覽、胡明復、楊杏佛、朱經農、劉大白、周仁、姜琦十一人為教育委員會委員。

第三次談話會

十六年四月十五日上午十時

出　　席：白崇禧　楊樹莊（李景曦代）　蔣尊簋
　　　　　郭泰祺　陳其采（錢永銘代）

列　　席：陳　羣　湯濟滄

主　　席：白崇禧

記　　錄：狄　膺

（甲）討論事項

一、上海特別指導員陳羣報告指導市黨部情形

二、上海縣縣長邵樹華呈稱上海縣署徵收各款在徵額未
　　變更以前遵令悉照舊額徵收附呈清摺一扣請鑒核

決議：覆以仍照舊原額徵收，並通知江蘇財政處。

（乙）討論事項

一、決議：責成上海特別市黨部常務委員湯濟滄、楊杏
　　佛會同本會所派指導員陳羣、潘宜之、吳倚滄、羅
　　家倫負責辦理上海特別市黨部部務，並指導各區區
　　分部。

二、淞滬警察廳廳長吳忠信函稱淞滬警察於前月混亂時
　　全體破壞除警士步槍已請白總指揮發給外其他服裝
　　車馬等項需約銀十一萬三千餘元特條列概算並附經
　　常概算及夏季服裝預算各一冊請指撥的款以便進行

決議：經常費函江蘇財政處照發，添製修理等費由警察

　　廳及該廳政治部及江蘇財政處派員組織購料委員

　　會核議應需費用，由財政處發給。

三、奉賢縣國民大會籌備主任陳梅心等呈稱該縣縣長莊

　　正貴前已由第一軍第一師政治部鄺主任加委在案二

　　月十八日該縣非法縣黨部李白一等又復率領武裝鹽

　　警察強行接收縣公署並委莊正貴為縣政行委員現該

　　民等發起促成奉賢全縣國民大會又被誣為違反黨義

　　附呈印刷品五件請澈查

決議：交東路總指揮部政治部派員查覆。

四、上海留雲學校校務委員吳耕莘等函稱本年三月廿四日

　　有該校退職教員曹勳伯勾結在校教員楊柳橋等並糾

　　合武裝保衛團假上海市二區二十七分部名義挾掠誣

　　衊吳耕莘等人為反動份子強迫接收該校請秉公究辦

決議：交教育委員會。

第四次談話會

十六年四月十六日上午十時

出　　　　席：楊樹莊（李景曦代）　　郭泰祺　蔣尊簋

　　　　　　　陳其采（錢永銘代）　　白崇禧　吳忠信

臨時代理主席：白崇禧

紀　　　　錄：狄　膺

（甲）報告事項

一、江蘇上海地方審判廳廳長鄭毓秀呈報接收上海地方
　　審判廳經過請鑒核備案

決議：准予備案，並飭令法警嚴密防範。

二、上海特別市商民協會籌備處函賀本會成立

三、上海市公所總董李鍾珏等函賀本會成立

四、朱叔源等對時局主張通電一則

（乙）討論事項

一、江蘇第二監獄典獄長吳棠呈覆遵造該獄月支經費預
　　算清冊請速撥款以為囚糧

決議：由上海縣縣長照向例支給。

二、江蘇上海地方檢察廳廳長孫紹康呈復遵令暫維廳務
　　茲造具每月預算清冊二份請鑒核接濟

決議：應先呈明從前向何種機關領款，再憑核辦。

三、江灣第五區分部常務員徐炳榮函稱本會布告有指導
　　黨部等因對於下級黨部是否適用請示遵

決議：下級黨部應由上海特別市黨部指導。

四、江灣臨時區黨部第五區分部因接江灣模範廠遊民兩
　　工廠職工協會委員會函稱該會近有一部份工人惑於
　　外來誘言另組織工會加入總工會以非該兩廠之職員
　　為委員長並有種種不法行為區分部派員勸告反受辱
　　罵環境險惡已失對抗能力請速密令軍警偵查以免發
　　生意外

決議：函周軍長派兵防範，並函上海工會組織統一委員
　　　會指導。

五、上海航業工會等呈稱修正上海航業工會章程請予准
　　立案附呈修正章程及會員名錄各一份

決議：函上海工會組織統一委員會查復。

六、上海特別市商民協會呈稱該會於四月八日召集全滬
　　商民代表開籌備大會選舉臨時委員並擬定草章請准
　　予備案

決議：交特別市黨部商民部查復。

七、上海慈善團體聯合會常務委員王震等呈請經費佈告並
　　通令各機關一律保護慈善團體附呈名單簡章各一份

決議：令上海縣縣長頒發布告予以保護。

八、前閘北市上寶兩縣聯合會學務處主任姚文達詳陳辦
　　理學務處經過情形並請迅派駐員前往主持又條陳上
　　海市區興革事

決議：分交上海市各地方機關調查委員會、教育委員會。

九、上海輔仁堂代表王全彭等呈稱該堂即係昔之同善社
　　專辦慈善事業該堂附設之民治小學上月二十日忽被
　　市黨部第二區黨部楊守中等十餘人強佔校舍驅逐學
　　生職員及種種不法行為請迅予維持

決議：交教育委員會。

十、國立同濟大學學生會函稱該校並無許陳琦孟心如布
　　美等等三人如本會以後有事請逕與該會或該校校務
　　維持會接洽

決議：交教育委員會。

十一、中法國立工業學校中國校長朱炎法國校長薛藩函
　　　稱報載該校長呈稱派員接收並無其事請鑒核

決議：交教育委員會。

十二、省立第二師範校長賈豐臻呈稱該校於本月二日由
　　　上海特別市黨部派楊賢江接收已將鈐記一顆備函
　　　移交惟頃聞上海特別市黨部及市政府有改組之舉
　　　其餘一切應行移交文件應否仍交楊賢江接收請核
　　　議示遵

決議：交教育委員會。

十三、江蘇省立第二師範學生會函請派員接收校務

決議：併案交教育委員會。

十四、中華職業教育社呈送該社規章暨印刷品十一件請
　　　賜存察此後設施請求指示

決議：交教育委員會。

十五、上海中等學校教職員聯合會呈報組織上海中等學校

教職員聯合會並附來章程委員名單各一份請備案

決議：交教育委員會。

十六、上海市內各地方機關調查委員會呈報已於四月
　　　十五日召集會議著手進行並議定規則六條請核准
　　　施行

決議：規則六條照准。

十七、決議：派蔣尊簋、錢永銘與商辦輪船招商總局負
　　　責人員商議改善招商局辦法。

十八、決議：上海學生聯合會由上海特別市黨部青年部
　　　加以指導。

十九、決議：海關船鈔費照例為北京外交部之指定經費，
　　　應由本會合知江海關停解，將此款解交上海交涉
　　　署作為該署經費。

二十、在上海各報發表下列布告

本黨向以扶助農工為職志，故第一次全國代表大會所通
過之國民黨政綱，對內政策第十條載：改良農村組織，
增進農人生活；第十一條載：制定勞工法，改良勞工者
之生活，保障勞工團體，並扶助其發展。明文俱在，群
眾咸知。不意農工運動正在進行，而狡詐之徒往往愚弄
多數農工，假借名義各成立所謂某某工會及某農民協會，
實際不為真正運動，專為危害及破壞中國國民黨三民主
義革命之行為。其甚者藉武裝自衛之名組織糾察隊，始
則持械遊行，繼則藉故械鬥，強迫罷工，自相殘殺。殊
不知在廣州時，中央政治會議對於工人持械遊行，工會

不得擅自拘人，各經議決禁止在案。乃最近上海總工會及上海二界聯合總會亦有此種不幸之械鬥情事發生，軍事當局因戒嚴期間，恐釀事變，乃採取必要手段將雙方軍械悉行解除。由東路軍敵前總指揮部政治部派員指導，另行改組工會，並經本會第四次會議決，對軍事當局此種之處置認為適當在案。但本會有須聲明者，工人自恃武裝、借端械鬥，不特於工人自身利益毫無裨補，且害及地方公安，此後各種真正之工人組織、農民組織，其運動必須在中國國民黨指導之下，本黨任扶植保護之責，否則一律嚴屬禁止，決不寬容。至各界民眾團體，尤不得違背本黨政綱，借故壓迫工友、農民，私圖利便。所望我農、工、商、學、兵各界實行大聯合，鞏固國民革命基礎，實現三民主義，使我民眾求得真正之自由平等。黨國前途，實利賴之。此佈。

中華民國十六年四月十六日

（丙）處理事項

一、肇嘉路商界聯合會呈稱據大東門內肇嘉錄各商店疊次報告自本月六日起有自稱南市保衛團團員持械勒捐擾累商民等事查該團已與董家渡保衛團合併改組為上海市區保衛團該團已失存在之可能請迅予查禁

擬：存。

第五次談話會

十六年四月二十二日上午十時

出　　　席：林煥廷　孟心史　陳其采（錢永銘代）

　　　　　　潘公展　蔣尊簋　郭泰祺

　　　　　　白崇禧（潘宜之代）

臨時代理主席：蔣尊簋

記　　　錄：葛建時

（甲）報告事項

一、中央政治會議秘書處篠電本會已經政治會議決議改
　　名為政治會議上海臨時分會

二、上海商科大學校務維持委員會委員金國實潘序倫等
　　函稱遵令維持商大校務惟經費久未領到請迅咨南京
　　教育經費管理處將東大應領經費項下直接撥付

決議：交教育委員會。

三、上海縣縣長邵樹華呈轉上海縣教育局長李宗鄴遵令
　　暫行負責保管情形請鑒核查考

（乙）討論事項

一、第二十六軍軍長周鳳岐函陳本月十二日該軍調停工
　　潮搜繳槍械及軍工衝突情形並關於工人治標治本條
　　陳辦法三項請採擇施行

決議：交東路軍前敵總指揮部政治部。

二、上海慈善團經理兼同仁輔元堂主任凌紀椿等呈稱該

會後岡倉房及餘屋租金並被金山縣第六區黨部執行
委員華澤之接收查封請予核辦示遵

決議：交東路軍前敵總指揮部政治部查明具復，以憑核辦。

三、三北商輪公司代表虞和德等呈稱組織上海華商航業
協會附呈章程及船旗船照樣式請核准備案通行軍警
暨收稅各機關一律保護

決議：准予備案。

四、江蘇公立商業專門學校校務維持會委員會馬憲成等
呈報該校經辦及自奉市黨部派員到校指導由教職員
學生組織該校委員會後一切經過情形並稱省款未領
開支無著請速予察核籌撥經費以利進行

決議：交教育委員會。

五、淞滬駁船同業公會呈稱該會於十六年四月三日宣告
成立組織委員會請核准備案

決議：交吳委員忠信、錢委員永銘審查。

六、江浙佛化聯合會釋可成等呈稱該會成立經過情形附
呈簡章委員名單各一份請核准備案

決議：准予備案。

七、江浙佛化聯合會釋可成等呈稱該會據各地寺僧報告
近被假借名義者騷擾寺院擬請援照浙省前例通飭所
屬糾正各黨部法團之越軌行動並令各縣保護寺院財
產出示布告附呈浙省政務委員會通令兩件

決議：交警察廳出示保護。

八、上海浦東區農民協會臨時執行委員會呈報組織浦東

　　農民協會經過情形請鑒核備案派員指導以資進行

決議：准予備案，並由市黨部工農部派員指導。

九、江浙皖系廠繭業總公所委員會函賀本會成立附呈該會
　　宣言一件委員會名單一紙請鑒核並請隨時派員指導

決議：存。

十、浦東市商民協會臨時執行委員會呈報該會組織經過情
　　形請予備案並派員指導

決議：准予備案，並由市黨部商民部派員指導。

十一、上海建設討論會呈稱該會集農工商學各界組織而成
　　　以民眾之公意提出議案備本會採釋附呈宣言及簡
　　　章一份請予備案

決議：准予備案，並著將會議人名具報。

十二、中國遊民工廠代表陳耀卿等呈報該工廠籌備經過
　　　及為上海江灣模範遊民工廠廠長徐懋屢次撓阻情
　　　形並稱前項模範遊民工廠中弊病百出特援實檢舉
　　　請迅予批准即飭縣委員會向該代表前往接收與該
　　　廠歸併從新整頓附呈宣言書一件

決議：交上海縣查明具復核辦。

十三、蒲淞市薄漕村全體代表潘生貴呈稱蒲淞市總董王
　　　臨釣顧孝就地保楊樹康等於民國十三年十四兩年
　　　先後得英人巨賄代英人強買民田七百餘畝越界築
　　　路喪失國權斷送民命請澈究並請向英領交涉收回
　　　該項土地

決議：交上海局查明具復，以憑核辦。

十四、決議：本會經費暫由常務委員林委員墊借三千元
　　　應用。
十五、決議：由本會通知教育委員會各委員，即日開成
　　　立會或談話會。

第六次會議

十六年四月廿三日上午十時

在上海新西區

出　席　者：吳忠信　蔣尊簋　楊樹莊（李景曦代）

　　　　　　孟心史　郭泰祺　林煥廷　潘公展

　　　　　　褚民誼

臨時代理主席：蔣尊簋

記　　　　錄：葛建時

（甲）報告事項

（一）中央政治會議函稱中央政治會議議決三項（1）本
　　　會改為政治會議上海臨時分會（2）上海市政府委
　　　員由本會物色介紹（3）加委孟心史潘公展二同志
　　　為本會委員請查照

（二）東路軍總指揮部政治部轉來蔣總司令元電稱中法
　　　校事可向政治分會請示

（三）淞滬警察廳政治部函復該廳業經派定沈道叔為出
　　　席購料委員會委員請察照

（四）葉委員楚傖函稱因公暫留南京三五日請假一星期
　　　所任文牘常務事宜請郭委員泰祺暫行兼代懇照准

（五）紹興姚江長水朱尉等四十五鄉政治委員施枚臣等
　　　來電略稱紹興警察局局長顧蔭枏辦理警務成績卓
　　　著茲聞更動懇轉電杭州馬蔣二委員收回成命

（六）上海工會組織統一委員會主席委員董福開等呈報

奉前敵總指揮部政治部令組織上海工會統一委員
會緣由及成立日期請察核備案

（乙）討論事項

（一）東路軍前總指揮部政治部函轉南市公民碩子文等
呈稱南市武裝保衛團團員按戶勒捐請澈究

決議：交警察廳查明核辦。

（二）東路軍前敵總指揮部政治部函轉上海各路商界總
聯合會呈請嚴禁滬埠發行各種獎券以除稗政

決議：交財政委員會查復再行核辦。

（三）開明公司代表姚曾綏呈稱該公司所辦之新舞台日
來有多數軍警不購戲券強佔客座請設法取締或指
定地位減售半價以示優待並請飭咨各軍警機關迅
發佈告實貼園內以示限止以維營業

決議：交東路軍前敵總指揮部會同警察廳辦理。

（四）南匯北蔡鎮衛誠甫呈稱該鎮土豪張少泉集合無賴
非法組織七區黨部恃黨橫行請從嚴查辦並轉令該
縣縣黨部以錢安伯等改組縣黨部

（五）南匯逐北市公民楊雲金等呈報該市近由劣跡照者
之土豪張少泉及不良分子嚴章甫等設立七區黨部
糾引同類濫肆成權附呈傳單一紙請嚴究

二案併案討論

決議：在省黨部未成立以前，暫由東路軍前敵總指揮部
政治部派員指導。

（六）大場鄉鄉民戴民德等呈稱該鄉區黨部張仰光等濫
　　　施職權請予制裁

決議：交寶山縣黨部。

（七）閔行鄉地方臨時執行委員會呈報該委員會成立經
　　　過情形請予核准頒發圖記式樣以便辦公

（八）上海第三區黨部呈稱該鎮自鄉佐鄉董同時去職後
　　　地方行政乏人主持該黨部於本月五日召集黨員推
　　　選蔣世傑等為該鄉地方臨時執行委員業於本月
　　　十三日正式就職請查照

二案併案討論

決議：交上海縣長會同縣黨部查復，以憑核辦。

（九）上海縣蒲淞市三六八圖七十四村全體農民呈稱惡
　　　董顧孝清曹九思壓迫民眾彙呈劣跡十八款請轉司
　　　令部按律嚴辦

決議：交上海縣長查明核辦具復。

（丙）處理事項

（一）上海被累市民呈稱南市保衛團分子複雜漫無統率近
　　　日派人四出勒捐並有潛購軍火之謠請設法處置

擬：存。

第七次會議

十六年四月二十五日上午十時

在上海新西區

出　　席：白崇禧（潘宜之代）

　　　　　楊樹莊（李景曦代）

　　　　　陳其采（錢永銘代）　郭泰祺　褚民誼

　　　　　林煥廷　潘公展　孟心史　吳忠信

　　　　　蔣尊簋

臨時代理主席：褚民誼

記　　錄：葛建時

（甲）報告事項

（一）國民政府財政部駐滬調查貨價處主任盛俊函報遵
　　　令就職任事

（二）東路軍前敵總指揮部政治部復稱南翔鄉黨員金之
　　　傑等為鎗決該鄉劣紳陳栴被拘縣警署一案已令飭
　　　嘉定縣縣長查明秉公處理矣

（三）諸翟市民大會執行委員會暨上海特別市諸翟獨立
　　　區分部函賀本會成立

（四）國民革命軍第二十六軍司令部函復江灣附近業由
　　　該軍一師駐紮並令飭該師妥為防範

（乙）討論事項

（一）淞滬警察廳政治部主任冷欣呈稱奉東路軍總指揮

部政治部令委為淞滬警察廳政治部主任於四月
十八日設處辦公正式成立特呈送月費預算表一分
請指撥

決議：交前敵指揮部政治部核復。

（二）上海縣長邵樹華呈稱據情呈轉請予核示附呈公函
佈告各一件

（一）曹行鄉鄉民丁伯奇呈稱為該鎮自稱為上海第一區
黨部黨員楊厚生等任意拘禁劫奪財物案

（二）曹行鄉鄉黨曹正書呈稱該鎮暴徒丁伯雄等持械行
凶擾害地方並曹鳳苞呈稱該鎮著名土匪楊連卿等
借端搶劫捕人勒贖案

（三）上海第一區黨部函稱曹行鄉劣董曹正書假借訓令
侮辱本黨案

決議：交東路軍前敵總指揮部政治部查復。

（三）上海教育界同志會執行委員會呈稱共派操縱中小
教聯會搗亂各校請予解散以維教育由附中小學校
職員總聯合會執監名單及條陳該派搗亂敬業學校
之實況

決議：交教育委員會。

（四）上海縣長邵樹華呈稱據江浙佛化聯合會委員釋寂
山等呈請保護寺產特抄同浙省通令兩件請核遵

決議：存。

（五）上海法科大學校長董康潘大道函稱該校旨在培養
適應時勢人才惟校舍係租賃性質頗感困難查吳淞

政治大學業由市黨部接收擬請撥給該校並請每月
撥給四千元以資辦理又將來設立中山大學可否即
以該校改辦並請主持促成

決議：交教育委員會。

（六）上海商辦貨物水陸自衛團委員會呈報該自衛團組
織宗旨及經過情形附呈簡章一份請鑒核備考並轉
行當地軍營一體保護

決議：交上海戒嚴司令部辦理。

（七）閘北房客聯合會總會呈擬該總會簡章宣言登記表
請准備案

決議：交上寶兩縣會同閘北商會查明核辦。

（八）上海縣長邵樹華呈稱徐前知事任內曾勸辦染缸稅由
認商汪文偉承辦當時手續未完現查該項染缸稅苛
細病民以後應由該認商補完手續抑承辦抑准予取
銷請鑒核令遵

決議：交財政委員會核辦。

（九）湖北革命同志會呈請吾鄂不幸為叛徒盤踞現組織
湖北革命同志會集合忠實同志打倒叛徒賣國份子
附呈簡章一份請准備案

決議：存。

（十）上海市公所總董李鍾珏等呈稱遵令維持市公所靜候
辦理惟該公所辦公地點為薛師長軍隊借駐所有職
員盡行讓出現該師已開赴南京請轉知該師後方留
守處覓地遷移將全部房屋歸該公所以便辦公

決議：函白總指揮轉知該師覓地遷移。

（十一）上海特別市房客總聯合會李傳畊等呈稱組織上
　　　　海特別市房客聯合會附呈辦法一件請核准備案

決議：交警察廳辦理。

（十二）上海特別市黨部呈請革上海縣教育局長李宗鄴
　　　　職並推薦楊宙廉為接收員

決議：交教育委員會核辦。

（十三）閘北市立飛虹學校校務執行委員會主席嚴正清
　　　　呈稱教育局長所委該校校長姚文達人格卑鄙請
　　　　令行撤換

決議：交教育委員會核辦。

（十四）江蘇地方建設協進會電陳關於黨國前途辦法兩項
　　　　一、標明政治中心　二、劃清黨部權限請核採
　　　　施行

決議：存。

（十五）上海縣蒲淞市議事會議長楊春膏等呈控被上海
　　　　特別市三區十八分部諸翟保衛團及澊漕保衛團
　　　　擅行拘禁並索去巨款五百元附呈該分部收據一
　　　　紙請退還原款嚴行查辦

決議：交東路軍前總指揮部政治部查辦。

（十六）川沙縣黨員孫奇輝等呈稱該縣縣黨部被搗亂份
　　　　子把持業由東路軍總指揮部政治部派員前往封
　　　　閉請本會派員指導組織

決議：交東路軍總指揮部政治部派員指導。

（十七）特別市黨部青年部呈請震旦大學學生因我軍到
　　　　港時出發歡迎為該校當局猜忌勾結法捕房武裝
　　　　巡捕壓迫離校該校學生派代表來部請求援助請
　　　　迅予解決

決議：交教育委員會查復後交交涉員辦理。

（十八）淞滬警察廳函復遵飭調查所得南市保衛團實在
　　　　情形附繳嚴大德堂藥房等呈一件收據二十張印
　　　　據一紙請核辦

決議：交上海縣核辦。

（十九）上海建設討論會函請發還保衛團及警察局鎗械
　　　　以維地方治安

決議：交上海戒嚴司令部核辦。

（二十）江蘇上海地方檢察廳檢察長孫紹康呈稱遵報該
　　　　廳從前領款機關並請接濟本月份經費

決議：交財政委員會核辦。

（二十一）中華婦女節制會函稱嚴禁鴉片

決議：復以後妥籌辦法嚴行禁絕。

（二十二）上海市郊新西區禁民協會執行委員會呈請免
　　　　　除糞車銅牌捐附該會宣言及擁護本會函

決議：暫維現狀，俟正式市政府成立後再行核辦。

（二十三）上海特別市黨部青年部函稱中法工專校學生
　　　　　驅逐校長致起糾紛一事蔣總司令已電文本會
　　　　　辦理在案請迅予正當解決以免失學

決議：交教育委員會。

（二十四）白委員崇禧擬定上海宣傳委員會委員名單一
　　　　　紙請核定公布並促該會即日成立

決議：派郭泰祺、余日章、林知淵、潘公展、謝福生、
　　　陳羣、潘宜之、陳布雷、陳德徵為上海宣傳委員
　　　會委員。

（二十五）決議：請徐佩璜為本會秘書。

第八次會議

十六年四月廿六日上午十時

在上海新西區

出 席 者： 郭泰祺　蔣尊簋　楊樹莊（李晶曦代）

　　　　　　孟心史　吳忠信　白崇禧（潘宜之代）

　　　　　　褚民誼　潘公展

臨時代理主席：蔣尊簋

記　　　　錄：葛建時

（甲）報告事項

（一）上寶兩縣閘北商會會長王孝賚王棟函報該會選舉
　　　王孝賚為正會長王棟為副會長即日起用鈐記正式
　　　成立

（二）漢口路商界聯合會等函賀本會成立並請一致主張
　　　中央遷寧

（乙）討論事項

（一）蒲淞市公民王建秋呈稱市總董顧孝清等劣跡多端
　　　附呈縣署訓令王家浜詳圖各一份請予澈查

決議：交上海縣查復。

（二）上海縣北橋鄉農民代表郭宗經等呈稱該鄉商民王
　　　與仁等組織第六區分部恃黨橫行請迅飭上海縣查辦

決議：交上海特別市黨部派員會同上海縣查辦。

（三）上海特別市三區二十區分部李次山等電陳清黨建議

案兩項請核議施行

決議：交東路軍前敵總指揮部政治部。

（四）上海務本女校教職員會等呈報該校現在情形並公
推湯濟滄為該校校長請迅予核准

決議：交教育委員會核辦。

（五）奉賢縣益村鄉民姜研耕等呈稱該縣縣黨部篡竊黨權
圖謀不軌證據確鑿請速派員澈查並請指導根本改組

決議：在省黨部未成立以前，交東路軍前敵總指揮部政
治部派員澈查。

（六）上海縣公署函稱奉白總指揮令接收保管舊滬海道
尹公署一切文件卷宗及公用物品請指示一切俾檢
點登記以資結束

決議：准由上海縣公署檢點登記呈報本會。

（七）上海縣第三區黨部常務委員林齊函稱省黨部未曾正
式開始辦公以前該黨部應否請市黨部指導抑由本
會直接派員指導請示遵

決議：暫由上海特別市黨部派員指導。

（八）青浦縣公民席裕福等呈稱該縣縣長潛逃主政無人
為地方治安計介紹曾任該縣水廳隊長沈兆榮為縣
長並請派員前往指導改組縣黨部

擬：存。

（九）國民革命軍東路前敵總指揮部政治部陳羣函稱據松
江縣漕涇鄉民呈稱淞江縣各級黨員把持黨務請核辦

決議：仍由東路前敵總指揮部政治部派員前往指導。

（十）上海美術專門學校創辦人劉海粟函稱該校為市黨
　　　部市政府學聯會壓迫請予主持

決議：交教育委員會。

（十一）上寶染業聯合會會長徐春榮呈稱染缸稅為病商
　　　　毒改請飭上寶兩縣撤消原案

決議：交財政委員會。

（十二）寶山縣公民鍾能等呈稱該縣共產黨徒把持黨務
　　　　擾害地方列舉罪狀七款請派員改組黨部

決議：交東路軍前敵總指揮部政治部派員指導。

（十三）留雲學校校務維持委員會呈報遵令接收該校經
　　　　過情形請轉知本會教育委員會備案並稱應否由
　　　　本會咨請前敵總指揮部政治部派員指導請核辦

決議：交教育委員會核辦。

（十四）留雲學校校務委員會委員吳耕莘等呈稱遵照上
　　　　海縣縣長指令收回該校惟楊柳橋等復糾眾毆擊
　　　　教員盤踞不去請迅予維持

決議：交教育委員會核辦。

（十五）中國國民黨江蘇青浦縣執行委員會呈稱該縣劣
　　　　紳施思霈等勾引兵士搗毀縣署黨部附呈佈告二
　　　　紙名片一張請核辦

決議：交東路軍前敵總指揮部政治部查辦。

（十六）鄭劍秋等呈稱上海特別市黨部商民協會組織違
　　　　法請將原案撤銷並請本會劃定南北市應行組織
　　　　協會區域以示大公

決議：交上海特別市黨部。

（十七）民立中學學生千餘人函稱該校少數敗類為上海
　　　　學聯會收買煽動學潮請予肅清學聯會以絕根源
　　　　俾得恢復該校原有秩序

決議：交東路軍前敵總指揮部會全上海特別市黨部辦理。

（十八）同濟大學維持員許陳琦孟心如呈稱遵令維持校
　　　　務惟經費無著能否向原機關暫時照案給領請示
　　　　遵附全市黨部交來原函一件

決議：交財政委員會。

（十九）川沙縣橫沙鄉鄉民代表趙顯民呈稱該鄉黃漢魁
　　　　等假託名義擾害鄉民請澈究

決議：交川沙縣查辦。

（二十）上海縣黨部呈稱共產份子李士林迭有污毀本黨
　　　　之舉動請准予加以逮捕由

決議：交東路軍前敵總指揮部政治部。

（二十一）決議：轉中央宣傳委員會上海分會與本會通
　　　　　　過之上海宣傳委員會合併定名為政治會議分
　　　　　　會上海宣傳委員會，其未經中央通過之委
　　　　　　員，由本會電請中央宣傳委員會加派。

（二十二）決議：令上海工會統一委員會將接收上海總
　　　　　　工會及現在辦理狀況並將來肅清搗亂份子具
　　　　　　體計畫詳細具報。

（二十三）決議：通過關於上海總商會下列文件。

令上海總商會

為令知事。照得上海為全國商業重心、中外互市巨埠，而商權之樞紐端在上海總商會，應如何鄭重人選主持會務。查上海總商會現任職員係由非法選舉，早經該會會員呈控有案，況傅宗耀以通商銀行經理招商輪船局董事等之資格當選為會長，而同時以通商銀行職員資格之會員當選為會董者伍人，以招商局職員資格之會員當選為會董者三人，是通商招商二處之人已佔會董全數四份之一。至傅氏兄弟叔姪同時當選為會董者計三人，與傅宗耀有營業關係或在傅氏屬下服務而同時當選為會董者計二十三人，居會董總額三分之二而強。顯見傅宗耀結合私人，包攬會務，非亟澈底澄清，不足以謀商界之福利。除另派錢永銘、虞和德、馮少山、王震、潘宜之、郭泰祺、吳忠信辦理該會改選事宜外，為此令仰該會現任非法產生之會長副會長及會董一體解職，並將會務趕日移交錢永銘等暫行維持，毋得違抗，切切。此令。

令錢永銘、虞和德、馮少山、王震、潘宜之、郭泰祺、吳忠信

為令行事。照得上海總商會現任職員非法產生，不亟澈底澄清，無以副商界之期望。為此令仰該員等趕日前赴上海總商會暫維會務，辦理該會改選事宜，隨時呈報核奪，切切。此令。

令淞滬戒嚴司令、上海地方審判廳、江蘇交涉員、淞滬警察廳長、上海地方檢察廳、上海寶山縣知事、上海臨時法院

為令行事。照得上海總商會現任非法會長傅宗耀助逆擾亂，挾會營私，前經結合私人，以非法選舉之手續把持上海總商會，藉以獻媚軍閥。迨本軍北伐之時，傅逆曾以多數金錢供給敵餉，復將眾商血本組織之招商輪船局多數船舶為孫逆運輸之用，阻撓義師確鑿有據。而本軍到滬之後，膽敢陽示歸順，陰謀反動，不獨投機，實為叛逆。不亟嚴緝懲治，無以昭垂炯戒。為此令仰該司令、該所長、該廳長、該員、該院長、該縣長迅即緝拿傅宗耀，押解戒嚴司令部訊辦，毋得延誤，切切。此令。

（丙）處理事項

（一）上海特別市房客總聯合函稱該會由上海特別市區城內房客聯合會合組而成定四月廿五日下午一時假西門公共體育場開成立大會請派員指導附呈章程一份

擬：存。

（二）上海青年會同志會送來油印宣言書一件

擬：存。

（三）上海特別市三區十八分部送來油印宣言一件

擬：存。

（四）中國國民黨上海特別市第二區黨部送來該黨部宣
　　　言一份

擬：*存*。

（五）上海教育界同志會執委吳豹軍等函稱上海教育勢
　　　將破產請召集教育委員會議議決一切

擬：*存*。

（六）曹行鄉鄉董曹正書呈稱曹行鎮暴徒張靜安等乘我
　　　軍到滬之際劫取槍械非法逮捕鄉民丁伯奇圖董許
　　　關林等近又揚言發封該董家產請派兵勦除以靖地方

擬：*存*。

（七）上海第一區黨部函稱該區劣紳董曹正書自行組織
　　　非法農會被解散後昨忽稱奉政治分會有各機關未
　　　經改組不得擅行交代之訓令捏造事實四發佈告已
　　　予以解散附呈解散該會布告及劣紳曹正書布告各
　　　一紙請鑒核

擬：*存*。

第九次會議

十六年四月二十七日上午十時

在上海新西區

出　　　席：白崇禧（陳羣代）　楊樹莊（李景曦代）

　　　　　　蔣尊簋　孟心史　吳忠信　褚民誼

　　　　　　郭泰祺

臨時代理主席：蔣尊簋

記　　　錄：葛建時　徐佩璜

（甲）報告事項

（一）金山第一區黨部代電宣言擁護蔣總司令

（二）姜琦函報遵令維持暨南大學

（三）廣東省立四中校學生全體六百餘人送來宣言一紙

（四）惲丁茂送來油印駁武進臨時執行委員會宣言一紙

（五）教育委員會四月二十五日報告一件

（乙）討論事項

（一）南洋大學學生會函稱該校負責無人據學生意最好即
　　　由本會派人接收人選資格曾擬具標準計有四款並
　　　認員委員稚暉等四人為最適當之校長人才請核議

決議：交教育委員會。

（二）南洋大學學生會函稱該校自凌前校長被逐後幸得
　　　各教職員毅心維持乃得正式上課然此種臨局絕不
　　　能持久請迅予解決並聲明該校學生會執行委員定

　　　　無跨黨份子可以覆查

決議：交教育委員會。

（三）浦東區商民協會呈報該會已成立並選舉執委潘志
　　　文等二十五人附呈章程及大會議決案各一份請核
　　　備案

決議：存查。

（四）大同大學學生會函稱該校校舍極小僅能敷用自被
　　　在漢被迫來滬之官佐借住一部份後甚形擁軋現政
　　　治訓練班主任倪弼前來聲稱奉命借駐房屋如此事
　　　實行則勢必校務停辦請飭另尋地點

決議：交東路軍前敵總指揮部政治部陳主任與大同大學
　　　胡校長會商辦理。

（五）南匯臨時市民會函稱本月二十日清黨委員來函以
　　　捉獲共產首領五人尚有在逃十九人均係重要黨徒
　　　請通令緝究以昭軍法

決議：交東路軍前敵總指揮部查明辦理。

（六）白崇禧委員函稱浦淞市華漕村等七村代表控告顧
　　　孝清王臨鈞楊樹康曹九思等朋分肥私喪失國權種
　　　種劣跡請關提到案從嚴法辦並與英人交涉收回佔
　　　地以儆賣國而保主權

決議：交上海縣查復。

（七）上海汽車同業聯合會呈報籌備經過情形請准予備案

決議：交東路軍前敵總指揮部政治部。

（八）福建同志社函稱該會以鄭重起見擬呈請備案但不

知要何種手續請示遵

決議：交上海特別市黨部。

（九）川沙縣黨員張恪等控告該縣縣視學楊承震平日劣
　　　跡四項請迅予究辦

決議：在教育廳未成立以前，交東路軍前敵總指揮部政
　　　治部核辦。

（十）第二師範附屬小學行政委員會呈報接收校務及改
　　　革設施情形附呈該會辦事細則及教職員會章程各
　　　份請鑒核指示

決議：交教育委員會。

（十一）委員潘公展褚民誼提議淞滬特別市暫行條例草
　　　　案請本會核議

決議：推潘公展、褚民誼、郭泰祺、吳忠信、孟心史五
　　　委員為審查員，審查後提出本會。

（十二）黨員蘇松芬呈擬淞滬特別市組織條例請予察奪

決議：推潘公展、褚民誼、郭泰祺、吳忠信、孟心史五
　　　委員為審查員，審查後提出本會。

（十三）諸翟全市市民大會執行會呈報該會議決案三件
　　　　推定侯繡人等十三人為執行委員接收一切市政
　　　　沈澤之等七人為候補執行委員請備案

決議：交上海縣查明制止。

（十四）上海市公民趙烈控告現任上海市公所工程處主
　　　　任楊憲邦以前種種劣績請將其私產沒收並嚴行
　　　　法辦

決議：交上海縣查覆。

（十五）奉賢縣淞場鹽民協會代電控該縣黨部篡竊黨權
　　　　圖謀不軌頃聞淞滬警察廳已獲該黨部李立一等
　　　　請速提案秉公法辦

決議：交東路軍前敵總指揮部政治部。

（十六）江灣第五區分部常務委員徐炳榮因在報上發表
　　　　及對共產引起江灣救濟會內之模範工廠工人共
　　　　產份子仇視來往其間甚為危險請領手鎗一枝為
　　　　自衛之用

決議：交戒嚴司令部及警察廳保護，並查辦搗亂份子。

（十七）上海房客減租總聯合會呈送組織上海房客減租
　　　　總聯合會章程一份請體念商人困苦予以保護並
　　　　准予備案

決議：交警察廳。

（十八）奉賢縣第七區農民協會呈稱奉賢縣黨部不遵黨
　　　　義濫施職權臚陳事實三款請即澈究

決議：交東路軍前敵總指揮部政治部。

（十九）東南同濟自治暨南四校校務維持委員會函稱遵
　　　　令維持該校等校務附送四校預算表各一份請核辦

決議：交教育委員會。

（二十）寶山楊行鄉公民朱治等函稱該鄉地痞季鍾和等
　　　　勾結暴徒擾亂地方秩序請速予澈查以紓民困

決議：存。

（二十一）蒲淞區臨時市民代表會議執行委員會函稱已

照本會議決勉力維持現在顧總董已到所視事
該會已登報解散所有借墊各項應由顧董交還
清算請予鑒核

決議：交上海縣併案處理。

（二十二）黨員張綱函稱上海房租增高房客備受經濟上
之壓迫請設仲裁委員會公斷房主應得利息以
弭消社會上之糾紛

決議：交警察廳併案處理。

（二十三）美術專門學校學生會函稱該校當局因受激刺
停辦該校請會派員前往慰問並勸令即日起恢
復開學以免學生失業

決議：交教育委員會。

（二十四）江蘇省黨部上海第一區黨部函稱突聞省黨部
在寧解散遽失指導對於黨務進行甚感困難請
示此後具體方針

決議：交上海特別市黨部暫行派員指導。

（二十五）上海滬江大學職工協會函稱工人等實因生計
困難待遇不平向當局提出要求優待與加薪條
件奈當局始而承認繼而拒絕不得已而罷工以
達到目的並非有意搗亂後方特陳明真相藉免
誤會並懇加以援助

決議：交東路軍前敵總指揮部政治部。

（二十六）南匯縣七圖鄉農民徐永等呈稱該圖土棍倪海
咸糾集黨羽連占元等於本月二十六日曾以行

動越軌為江浙省軍捕獲旋經保釋後非但不知
悛改與共產份子金品山等到處宣傳擾亂閭閻
請緝拿嚴懲

決議：交東路軍前敵總指揮部政治部。

（二十七）中華職業教育社陳述工潮平息後亟要辦法六
　　　　　條以貢採擇請核議示遵附研究報告書兩冊

決議：交東路軍前敵總指揮部政治部。

（二十八）上海房租減半運動總聯合會呈請組織該會共
　　　　　籌和平方策商請屋主減租對於軍政外交概不
　　　　　顧問請准備案並出示保護附宣言一紙

決議：交警察廳併案處理。

（二十九）上海中醫公會函稱會所不敷應用移至閘北海
　　　　　寧露天保里內照常辦公並懇與維護及指導

決議：交警察廳查明辦理。

（三十）江蘇交涉公署長郭泰祺呈送新舊預算表各一紙
　　　　請核議並轉飭上海財政委員會按月照撥由附預
　　　　算表兩紙

決議：通過新預算，令上海財政委員會按月照撥。

（三十一）教育委員會呈該會每月預算表一紙

決議：通過每月經常費暫定一千元，由該會自行支配，交
　　　　財政委員會撥發。

（三十二）上海市內各地方機關調查委員會函請先發辦
　　　　　公費三百元暫資應用

決議：交上海財政委員會照撥。

（三十三）白委員崇禧提議派李處長範一前往南洋大學
　　　　　　及交通部傳習所接收管理
決議：派李範一接收南洋大學，暫時保管。
（三十四）郭委員泰祺提議派盧興原署理上海臨時法院
　　　　　　院長
決議：通過。
（三十五）白總指揮提議下列事件
（1）　飭警察廳嚴密通緝搗亂份子並搜查鎗械並應登報
　　　出賞格
（2）　飭財政委員會將近日整頓上海市財政情形具報並
　　　飭速籌大宗款項儲做軍用
（3）　飭教育委員會將近日整頓上海市教育情形具報並
　　　注重黨化教育
（4）　飭上海交涉員速向租界當局磋商發還鎗械
（5）　飭上海縣長將接收後處理行政情形及所屬各鄉有
　　　無搗亂份子活動
（6）　飭閘北工巡局將接收後一切情形詳細具報並將預
　　　算及各項收支呈報備案
決議：通過。

第十次會議

十六年四月二十九日上午十時

在上海新西區

出　　　席：蔣尊簋　吳忠信　郭泰祺

　　　　　　　楊樹莊（李景曦代）

　　　　　　　白崇禧（潘宜之代）

臨時代理主席：蔣尊簋

記　　　錄：徐佩璜

（甲）報告事項

（一）上海學生聯合會油印宣言一份

（二）青浦縣農民協會商民協會籌備擁護蔣總司令電一通

（三）杭州政治會議浙江分會有電稱奉中央黨部政治會
　　　議第七十四次會議議決派張人傑蔣中正蔡元培何
　　　應欽周鳳歧莊崧甫陳其采馬敘倫蔣夢麐邵元冲朱
　　　家驊為政治會議浙江分會委員遵於本日成立特聞

（四）上寶二縣保衛團第一團團總王棟副團總尹鵬電賀
　　　本會成立

（五）取消第九次會議第一條議決案

（乙）討論事項

（一）上海特別市黨部函送該部每月經費預算表一紙請
　　　本會於該黨部未奉中央黨部組織臨時執委會以前
　　　按月撥給經費並附月費表一紙

決議：飭上海財政委員會四月份起照撥。

（二）上海律師公會會員會臨時主席湯應嵩呈稱該會於四月二十四日開春季期會當場議決原有律師公會法律上已不能存在應即組織上海律師公會籌備委員會擔任改組事宜並當場推選黃鎮盤等三十人為籌備委員附來名單一紙請予圈定十五人為改組上海律師公會籌備委員並請轉呈國民政府核奪一面指令該公會原任正副會長即日交代等由附呈名單一紙

決議：請孟心史、潘公展、郭泰祺三委員調查。

（三）上海特別市黨部函轉上海律師公會委員會臨時主席湯應嵩呈報該會改組經過情形請指令該律師公會原任正副會長即日交代並附送圈定該工會委員名單一紙請查照由

決議：請孟心史、潘公展、郭泰祺三委員調查。

（四）淞滬醫士公會臨時執行委員朱少坡等呈報該工會籌備經過情形並稱現經議決先由各醫學團體推舉代表通過會章假定成立暫組臨時執行委員會俟召集大會時報告追認再行照章選舉監執各委特檢同會章一份請鑒核備案由

決議：交淞滬警察廳查復。

（五）黨化教育委員會函稱該會第二次會議議決陳德徵張靖川接辦務本女中校桂崇基接辦政治大學劉大白接辦上海大學陳季博接辦江蘇省立二師請查照由

決議：交教育委員會。

（六）震旦大學學生會呈稱該校校務行政委員會除何魯
外餘均不在滬致校務停頓負責無人請將何先生魯
正式加委俾責有攸關使校得臻鞏固等由

決議：交教育委員會。

（七）沈元等四人呈稱應試及格入上海市政府錄事現該
政府被解散該員等棲枝無托困苦難言請俯予錄用

決議：准予存記。

（八）原秉堃呈應招考入上海市政府錄事不數日即被解
散衣服被褥均盡散去積欠房錢三月告貸無門一家
三口嗷嗷待哺請予錄用

決議：准予存記。

（九）淞滬警察廳函覆遵令飭查上寶二縣保衛團第一團
組織情形附繳王棟原呈一件地方名單一紙請查照

決議：交上寶二縣核辦。

（十）前敵總指揮部轉來德榮里自治會執行委員會原呈
一件稱為籌謀地方治安組織本里自治會謹具簡章
請予備案按來函未附簡章

決議：交上海特別市黨部。

（十一）國光影片有限公司函稱宣傳效力最為偉大謹條
陳優點六項要旨十條並經濟概算請予採納

決議：交宣傳委員會。

（十二）蒲淞區市民代表會議臨時執行會呈報該會維持
地方現狀經過情形附呈清冊請予酌核

決議：存查。

（十三）國立政治大學全體學生函稱上學各大學均已先後開學惟該校迄今無開學消息請迅轉知陳望道劉大白二君或另派人員立即籌備開學

決議：交教育委員會。

（十四）江蘇省立二師教職員會主席呈報賈校長辭職後經過情形現仍暫由賈校長負責保管俟正式校長到校再行移交本月開支擬暫以賈校長移交案內餘款提用請鑒核備案

決議：交教育委員會。

（十五）滬西區農民協會呈稱組織滬西農民協會公推王洪人等十七人為臨時執行委員負責籌備進行請予備案並派員指導

決議：交上海特別市黨部。

（十六）閘北火災各戶聯合會呈稱兵災損失請撥款接濟並飭保險公會賠償保險各戶附呈被災戶數保險數目清冊一本請鑒核

決議：交淞滬警察廳。

（十七）上海交通股份有限公司代表人顧作威呈報組織上川交通股份有限公司行駛長途汽車附設輪渡往來上海川沙之間請准予備案附章則路線時刻車價表各一份

決議：交淞滬警察廳查復核辦。

（十八）蒲淞市總董顧孝清呈稱法華人李德輝張伯勳借組織黨部名義於四月二十七日率令多人迫令蒲

淞保衛團讓出駐房並謂如不遷讓將以強硬手段
對付如何處理請訓示

決議：交上海特別市黨部。

（十九）中華婦女節制協會函稱上海慈善團體數以百計
事權龐雜辦理紛紛請組織慈善團體統一委員會
並擬定委員會建議二項請予裁酌

決議：存查。

（二十）滬西區商民協會呈稱組織滬西商民協會公推唐
炳源等十五人為臨時執行委員負責籌備進行請
備案並指導

決議：交上海特別市黨部。

（二十一）飛虹前校長姚文達來函聲明該校長在任內辦
事成績並為保全校譽及青年學業計已向教育
局辭職請派員接替以維教育

決議：交教育委員會。

（二十二）決議：派李範一接收交通部傳習所，暫時保
管（見九次會議三十三條議案）。

（二十三）決議：加派王伯羣、張知本為教育委員會
委員。

（丙）處理事項

（一）上海房租減半運動總聯合會函報該會定於本月廿
七日下午二時開第三次代表大會請派員蒞會指導

第十一次會議

十六年四月三十日上午十時

在上海新西區

出　　　席：蔣尊簋　吳忠信　郭泰祺

　　　　　　白崇禧（潘宜之代）　孟心史

　　　　　　楊樹莊（李景曦代）

主　　　席：蔣尊簋

記　　　錄：徐佩璜

（甲）報告事項

（一）廣東省立第四中學蒸電擁護汪主席

（二）上海特別市黨部函稱該黨部刻已徵集辦理黨務及
　　　政治工作之忠實同志本會如需人才請示遵選送

（三）上海特別市黨部函復囑派員指導上海第三區黨部
　　　已登報啟事準備派員矣請察照

（四）上海特別市黨部囑會同上海縣查辦北橋鄉第六區
　　　分部恃黨橫行一案已向各方著手調查矣

（乙）討論事項

（一）寧波同鄉函請迅予收回通緝傅宗耀令

決議：留存。

（二）錢永銘辭接收上海總商會事宜

決議：挽留。

（三）虞和德函稱見報載令和德前往上海總商會辦理改

選事宜惟和德現任該會董之一應在解職之列前往
接收諸多未便請收回成命另揀賢能

決議：照准。

（四）上海總商會齎電稱遵令停止職務趕辦交代惟迄今
三日未見錢委員等到會接收請令催尅日來會以便
移交

決議：接收各委員即日前往接收，不必通知。

（五）上海特別市黨部函稱兩次派員接收務本女校該校
抗不交卸請本會派員接收接收後由該黨部介紹陳
德徵張晴川接辦

決議：交教育委員會。

（六）上海市第七區教育協會函稱受省教育協會之委託
組織分部附章程紀事表請察核

決議：交教育委員會。

（七）上海縣立敬業學校校務委員函報組織該會緣由並選
舉楊清源等為執行委員周大融為監察委員劉芸書
等為候補委員請鑒核備案附呈該會組織綱要一件

決議：交教育委員會。

（八）姚文達函稱已堅決表示不再入長飛虹請速派員接
辦並令行上海縣召集飛虹校董解決一切並令知滬
北工巡捐局暫緩撥給經費附件三

決議：交教育委員會。

（九）留雲學校校務委員會童行白等呈報接辦留雲學校
始末暨吳耕莘等捏詞汙衊經過情形請鑒核備案

決議：交教育委員會。

（十）閘北市立學校聯合會函稱閘北教育行政無人負責
　　　該會於四月二十五日召集各校代表改組閘北市立
　　　學校聯合會推選執行委員瞿西華趙漢溪等四人負
　　　責辦理請迅予裁奪

決議：交教育委員會。

（十一）同濟大學校長阮尚介呈明同濟校務經過情形請
　　　　予鑒核並請迅派委員接替以便交代

決議：交教育委員會。

（十二）蒲淞市三十保四圖農民張美乃等呈稱該民等被
　　　　郭湘鄉等無端誣陷已由東路第一軍司令部副官
　　　　王凍查明本案請轉咨該司令部將該郭湘鄉等提
　　　　案查辦

決議：交東路軍前敵總指揮部。

（十三）楊春膏呈稱市黨部三區十八分部黨員于思頤等
　　　　擅拘押索墊鉅款逼寫退呈請迅將于思頤侯積嵐
　　　　潘生貴等嚴行究辦並追還墊款

決議：交東路軍前敵總指揮部政治部。

（十四）沈家行邨等農民協會常務委員呂覺非等呈請五
　　　　項（一）准予自製制服木棍以維治安（二）准
　　　　提公款移充該會經費（三）舉出呂覺非為委員
　　　　長趙連度為副委員長張永昌為秘書請備案（四）
　　　　請派員測量地勢整頓地方（五）請查辦流氓小
　　　　勝等肯予核議示送

決議：交東路軍前敵總指揮部政治部。

（十五）大同大學函稱准總司令部收容武漢被迫來滬官
　　　　佐學兵招待所需函開政治訓練班急須舉辦請讓
　　　　出女宿舍全部為開辦該班之用惟該校舍不敷應
　　　　用殊難承認請轉囑該班另覓地點

決議：交東路軍前敵總指揮部政治部。

（十六）淞江東門外華陽橋蘇甲第等呈稱該縣共產黨員
　　　　王濟才等擾累地方並嗾使侯紹裘徐佛聲等託名
　　　　清黨暗中活動黨務前途不堪設想請迅派員令該
　　　　員澈查並派員直接指導

決議：交東路軍前敵總指揮部政治部。

（十七）大通紡織股份有限公司經理姚錫舟呈請該廠（設
　　　　於崇明堡鎮）為暴烈份子劫持工會威迫罷工更
　　　　聚眾持械恫嚇黨員司包團廠宅情勢危殆請令行
　　　　崇明縣知事立派軍警馳往彈壓以保治安

決議：交東路軍前敵總指揮部政治部。

（十八）淞滬警察廳廳長吳忠信函稱近來房客方面發生
　　　　房租減半運動總聯合會等組織而房東方面同樣
　　　　有聯合會之組織雙方對峙不免影響治安為東客
　　　　永久安寧計房金價額擬以丙寅年底為標準間有
　　　　過昂者可由東客情商酌減不必藉立會之名自取
　　　　糾紛請採擇施行

決議：交淞滬警察廳通籌辦理。

（十九）閘北救火聯合會呈稱三段救火會會所車輛悉被

魯軍縱火焚毀現疊接各市民函請重組應否繼續
組織請示遵

決議：交淞滬警察廳。

（二十）上海杭綢業商民協會呈稱依法組織杭綢業商民
協會繕具簡章並執行委員名單一紙請予備案

決議：交特別市黨部。

（二十一）上海縣塘灣鄉鄉董彭召棠呈請撤銷北橋分卡
以節公帑而蘇民困又馬橋商會事務所來件與
上同

決議：交財政委員會。

（二十二）江蘇佛化聯合會委員釋寂山等呈稱組設江蘇
佛化聯合會抄奉簡章委員名單各一份並刊用
鈐記請准予備案

決議：交東路軍前敵總指揮部政治部。

（二十三）上海縣第二區黨部呈稱該區黨部因舉辦江蘇
清黨經於四月十七日開會改組惟正式縣黨部
尚未產生且聞上海將來有辦設縣黨部下級各
部統屬特別市黨部管理轄該區黨部究竟何屬
請示遵

決議：交上海特別市黨部。

（二十四）南匯遠北市公民張少泉呈稱著名土豪衛城甫
挾嫌及誣具陳事實請鑒核又稱現在區部分部
已暫行定止靜候改組合併附呈

決議：交上海特別市黨部。

（二十五）上寶兩縣閘北商會等呈稱陳明閘北市政淵源
　　　　　請迅予撤銷滬北工巡捐局名義恢復民元市政
　　　　　廳請准予改組以順民意。

決議：閘北工巡捐局係暫時維持現狀，俟市政廳成立後當
　　　然取銷。

（二十六）上海閘北房客聯合會總商會常務委員樂詩農
　　　　　等呈稱滬北滬南同隸一區稅率兩岐請飭滬
　　　　　北工巡捐局修正稅率並著房東房客各半擔任
　　　　　所有自來水費並請剔開以免復徵

決議：俟市政廳成立後，再行統籌辦法。

（二十七）閔行市商民協會籌備委員諸塵奇等呈稱依法
　　　　　組織閔行市商民協會擬具簡章請核准

決議：交上海特別市黨部。

（二十八）上海縣縣長邵樹華呈稱曹行鄉鄉民丁伯奇陳
　　　　　訴上海第一區黨部黨員楊厚生等搶劫財物私
　　　　　自拘禁一案並該鄉商農民蔡進邨姜叔英函稱
　　　　　陳暴徒楊連卿等擾害地方情形均經飭查復附
　　　　　呈抄一份請予併案辦理（已另呈東路軍前敵
　　　　　總指揮部）

決議：存。

（二十九）淞滬警察廳遵令查覆上海市區保衛團改組情
　　　　　形並附繳原呈

決議：存。

（三十）滬寧杭鐵路麥根路碼頭工會呈稱苦力無依膏脂

被吸業向上海工會統組織統一委員會注册在案
請予備案給示保護並請廢包工制

決議：交東路軍前敵總指揮部政治部。

（三十一）湖北革命同志會函稱定於四月三十日（星期
六）午後二時假西門公共體育場開成立大會
請派員監視並予指導由

決議：不理。

（三十二）葛建時艷電稱第一二次宣傳會議決請警廳借
屋二日下午開會請通知由

決議：通知警察廳。

（三十三）郭委員提議秘書處現在辦公房間狹小不敷應
用亟需擴充

決議：請特務處將現在秘書處西首房間讓出，以便應用。

（三十四）決議：本會不兼職委員每月發津貼三佰元。

（三十五）決議：令招商總局通商銀行二件。

查傅宗耀業經本會明令通緝在案，該局行應即取銷該犯
職務，免致連累，切切。此令。

第十二次會議

十六年五月二日上午十時

在新西區

出席委員：孟心史　楊樹莊（李景曦代）　吳忠信

　　　　　蔣尊簋　潘公展　白崇禧（潘宜之代）

　　　　　郭泰祺　楊杏佛　褚民誼

　　　　　陳其采（沈澤春代）

臨時代理主席：蔣尊簋

記　　　　錄：徐佩璜

（甲）報告事項

（一）杭州浙江省務委員沁電稱中國國民黨中央執行委
　　　員會監察委員會中央黨部政治會議國民政府蔣總
　　　司令各政治分會省黨部特別市黨部省政府杭州政
　　　治會議浙江分會省黨部上海杭州民國日報轉各報
　　　館鈞鑒中央黨部政治會議第七十四次第七十七次
　　　會議議決派馬敘倫蔣正中陳其采蔣夢麟周佩箴程
　　　振鈞阮性存朱家驊邵元冲徐鼎干張世杓黃人望孫
　　　鶴皋蔣伯誠周覺陳希豪□□懷周鳳岐為浙江省務
　　　委員會委員馬敘倫兼任民政廳長周鳳岐兼任軍事
　　　廳長陳其采兼任財政廳長蔣夢麟兼任教育廳長周
　　　佩箴兼任土地廳長程振鈞兼任建設廳長阮性存兼
　　　任司法廳長朱家驊兼任農工廳長各等因本省務委
　　　員會即於四月沁日由政治會議浙江分會召集開會

正式成立除分別呈報外特電奉聞

（二）江北招撫使呂公望函報遵令就職啟用關防請查照

（三）上海臨時法院院長徐維震函稱遵飭書記官長督率
各科趕辦交代請轉知新任盧院長尅日到院接事由

（四）白委員崇禧函稱上海市公所辦公地點已飭第一師
師長轉飭該留守處遷讓請轉知市公所由

（五）交通部傳習所派人接收案取消

（六）淞滬警察廳函復交辦閘北火災各戶聯合會呈請各
節已函請閘北縣商會會同當地紳董迅予處理原件
附繳請查照由

（七）上海特別市黨部臨時執行委員會函報奉中央執委
會會派潘宜之等十一人為上海特別市臨時執行委
員業經就職以前上海特別市黨部指導員改組委員
會並經取消請查照由

（八）淞滬警察廳函報已為宣傳委員會尋到南市油車街
寧康里四十七號門牌三樓三底新屋一所開價月租
一百二十元請派員與十六浦警察第一區陶署長接
洽由

（乙）討論事項

（一）中國公學大學臨時委員何魯函陳該校經費困難情
形請准予維持或籌撥常款或補助臨時費

決議：交教育委員會。

（二）上海縣第一區四分部函稱該分部執行委員會議決

　　　　請求改組區部請鑒核令遵

決議：交上海特別市黨部。

（三）上海縣長邵樹華呈復閔行鄉鄉公所經過情形請鑒
　　　核示遵

決議：暫維現狀，飭上海縣頒發圖記，俟省政府正式成
　　　立後，再行統籌辦法。

（四）海門縣黨部呈報該縣組織縣黨部及區黨部經過情
　　　形並稱所有黨員絕對的反對共產一致擁護蔣總司
　　　令現值肅清黨部之際深恐地方陰謀惡黨傾陷誣害
　　　請求備案並准派員指導

決議：交東路軍前敵總指揮部政治部。

（五）上海三碼頭順德里三號何徐氏呈稱穆梅溪勾串劣
　　　紳穆恕再律師吳文濬等脅迫簽字圖貪遺產請予吊
　　　卷澈查

決議：飭逕赴法庭起訴。

（六）上海律師公會正會長張一鵬等呈報該會春季期會
　　　奉令停開並少數會員毫無根據貿然改組情形附奉
　　　章程一份請明令示遵

決議：照審查委員會報告辦理。

（七）特別市黨部婦女部函請贊助上海婦女節制協會

決議：復特別市黨部婦女部自行斟酌辦理。

（八）南洋大學附屬初中高小沈主任鴻慶報告校務請予
　　　派員接辦由

決議：交教育委員會。

（九）黃誕文函陳上海當典苛虐情形請飭主管機關查辦由

決議：交淞滬警察廳。

（十）江蘇兼上海財政委員會函請佈告禁止各種獎券時
　　　期由

決議：飭警廳查明，決定禁止日期呈報核辦。

（十一）英商瑞和洋行經理台維斯代理人蔣保釐呈稱訴
　　　　訟尚未執行標的物已為形似別動隊多人乘我軍
　　　　戡定滬瀆之際擅自啟封移動變賣附呈江蘇高等
　　　　廳判決抄本一件請迅予封存並分別查案發還由

決議：仍由東路軍前敵總指揮部政治部查明核辦。

（十二）武進縣黨員薛兆聖等呈稱該縣曹憲章等非法推
　　　　舉縣執行委員擅定各區黨部工作拒絕各鄉黨部
　　　　組織假清黨名義陷害忠實同志請派員查辦由

決議：交東路軍總指揮部陳主任。

（十三）上海特別市黨部商民部函復本會第四次談話會
　　　　議決交查上海特別市商民協會組織情形核與法
　　　　令大體尚含檢附草章名單入會表志願書組織程
　　　　序各一件請查照核復

決議：准備案。

（十四）沈家行村農民協會呈請禁止賽馬並沒收跑馬場
　　　　（即沈家行南遠東運動場）以振農業由

決議：暫存。

（十五）上海遊民模範工廠呈報該兩工廠創設經過並現
　　　　在經費竭蹶情狀請予維持由

決議：派吳忠信、嚴慎予、沈澤春清查接收。

（十六）久大精鹽公司上海經理處呈稱精鹽高稅公私交
困請援皖省榷運局成案取銷精鹽特稅並飭各屬
一體保護由

決議：交財政委員會。

（十七）龍華兵工分廠工會呈稱上海兵工廠長張性白分
廠長賴人瑞聞有更動消息二公熱心辦事不辭勞
瘁該廠全體工人一致挽留請俯順輿情轉請蔣總
司令收回成命由

決議：暫存。

（十八）孟委員心史提議市政廳應設港務局茲有前青島
港務局長奚定謨摺呈及印刷品共三件請交市政
廳組織法審查委員會併案審查並請求到審查會
陳述意見請示遵

決議：通過交市政條例審查委員會審查，並准該員到審
查會陳述意見。

（十九）決議：致江蘇政務委員會電南京政務委員會鑒。
勘日本會第九次會議議決派盧興原為上海臨時
法院院長，相應電請貴會以省政府名義加以委
任，以符去歲收回上海會審公廳之臨時協定，
並煩電復為荷。政治會議上海分會。冬。

（丙）處理事項

（一）五月革命運動紀念籌備委員會函稱該會定五月一
　　　日下午二時假青雲路公共體育場二處開五一勞動
　　　節慶祝大會本會為南市主席團請屆時出席由

第十三次會議

十六年五月三日上午十時

在上海新西區

出 席 委 員：褚民誼　潘公展　楊樹莊（李景曦代）

楊杏佛　孟心史　吳忠信　郭泰祺

陳其采（沈澤春代）　蔣尊簋

記　　　　錄：徐佩璜

（甲）報告事項

（一）青浦縣公民協會東代電擁護蔣總司令

（二）江蘇兼上海財政委員會函稱上海地方檢察廳四月
　　　份經費以令飭上海南匯二縣照例籌撥請查照

（三）青浦縣長顧莞生呈報任事日期並地方現狀請鑒核
　　　備案

（四）東路軍前敵總指揮部特別黨部第一分部冬代電擁
　　　護南京中央黨部國民政府暨蔣總司令

（五）上海輪船招商總局董事會函復傅犯宗耀在該局所
　　　認本兼各職已於令到前二日據該犯函辭開去矣請
　　　查核由

（乙）討論事項

（一）私立浦東中學校董會姚文枬等呈稱該校為謀改進
　　　學務於本年四月三十日開九十八屆校董會議決改
　　　組該董等提出總辭職並於辭職前照章投票改選林

洛川等十五人為校董俟新校董會成立即將該董等
經管之卷牘移交點收請准予立案

決議：交教育委員會。

（二）省立第四中學離校同學會呈稱該校校長章欽亮平
日把持校務勾結學閥摧殘學生愛國運動投機加入
國民黨請予查辦

決議：交教育委員會查復。

（三）寶山縣江灣區教育協會常委刁慶恩呈稱東南大學
商科主任程其保假借商大名義販賣土地偷漏稅捐
附抄件一份請予澈查

決議：交淞滬警察廳查復。

（四）松江縣民何世傑等呈稱松江縣黨部吳叔子顧稼軒
等勾結侯紹裘等把持黨務為所欲為致松江縣黨務
混辮不堪請在省黨部未正式成立以前請予改組

決議：轉省黨部。

（五）江蘇第二監獄典獄長吳棠呈稱縣款無著附呈該獄
每月支出預算一冊請轉知江蘇財政委員會設法救濟

決議：令上海縣照例撥給。

（六）上海商民慶祝大會籌備處總務委員王承志呈報該
會發起緣由及籌備經過並定五月五日舉行商民慶
祝大會請屆時派員指導

決議：派徐秘書代表出席。

（七）上海特別市黨部函請本會教育委員會與該黨部黨
化教育委員會會商合併以維黨部威信

決議：函復申明二會性質之不同，教育委員會係行政性質
　　　的，黨化教育委員會係關於教育方法之一部份的。

（八）中國通商銀行董事會函稱該行行長已由副行長謝
　　　光甫接任矣請鑒核

決議：存。

（九）淞滬警察廳函復閘北救火聯合會呈稱三段救火會
　　　被焚後應否繼續組織一節文內既據聲明分呈請本
　　　會批飭該會靜候蔣總司令白總指揮示遵原呈請查照

決議：暫存。

（十）世界大戲院經理卞毓英呈稱軍人擾亂營業請分各
　　　軍事機關出示禁止由

決議：函戒嚴司令及淞滬警察廳出示保護。

（十一）郭委員泰祺提議葉常務委員留寧不克主持本會
　　　　秘書處文牘請另公推常務委員一人

決議：公推孟心史先生為常務委員，主任本會文牘。

（十二）潘委員公展轉董脩甲淞滬特別市制芻議一件請
　　　　予核議

決議：交淞滬特別市市政條例審查委員會審查。

（十三）潘委員公展轉宋希尚（擬接收上海濬浦局設立
　　　　淞滬港務局意見書）（組織淞滬港務局章程草
　　　　案）（李鍾珏等濬浦局暫行章程駁議）三件請
　　　　予核議

決議：交淞滬特別市市政條例審查委員會審查。

（十四）決議：關於最近各紀念日舉行辦法如左。

五月五日開慶祝大會；

五月九日下半旗紀念國恥；

五月卅日暫緩再議。

通知戒嚴司令部、淞滬警察廳、特別市黨部各政治部、各機關、工會組織統一委員會上項決議是件，並申明以後凡關於開會及遊行事項，須先報告本會核准。

決議：交淞滬特別市政條例審查委員會審查。

（丙）處理事項

（一）上海特別市黨部函稱該黨部定五月三日上午九時舉行臨時執行委員就職典禮請蒞臨觀禮

（二）上海特別市黨部商民部函復本會第八次會議議決交查鄭劍秋等所呈各節根本不能成立所有上海特別市商民協會籌備會之組織查與明文相符當由該部派員指導請查照核復

第十四次會議

十六年五月四日上午十時

出席委員：郭泰祺　潘公展　孟心史　褚民誼
　　　　　　蔣尊簋　陳其采（沈澤春代）
　　　　　　楊樹莊（李景曦代）
　　　　　　白崇禧（潘宜之代）　楊杏佛

臨時代理主席：蔣尊簋
記　　　　錄：徐佩璜

（甲）報告事項

（一）江蘇兼上海財政委員會函復遵飭照撥江蘇交涉公
　　　署四月份經費請查照

（二）上海臨時法院院長徐維震函復已遵令行知工部局
　　　迅速緝拿傅宗耀矣請備查

（三）上海銀行公會函稱傅筱庵並無向各銀行家張羅借
　　　款情事請鑒核

（四）江海關監督俞飛鵬函復遵辦海關鈔費與稅務司交
　　　涉經過抄送稅務司函件請查照

（乙）討論事項

（一）上海電機絲織廠同業公會沈田萃等呈稱工會組織統
　　　一委員會得到美文寶豐二廠工會報告誤認以前總工
　　　會代表何大同等所訂苛迫條件即為勞資契約請迅予
　　　補救解除該項偏斷條件附預算表一份請鑒核

決議：暫存，候正式組織勞資仲裁機關解決。

（二）南匯遠北市公民嚴章甫等呈稱該縣土豪衛誠甫乘
　　　清黨之機誣人自全並稱該縣七區黨部係經縣黨部
　　　代表監察成立呈由省部核准自無非法可言除彙陳
　　　該土豪劣跡分呈總指揮部等請予查辦外請澈究

決議：交東路軍前敵總指揮部。

（三）上海絲邊同業公會朱增庭等呈稱營業困難請分令
　　　各政治部驅逐意圖推翻公會四月十八日所定條件
　　　之李彩山附條件一份請維持

決議：暫存，候正式組織勞資仲裁機關解決。

（四）沈家行村農民協會呂覺非呈稱沈家行西圖沙濱地
　　　處鄉民祝根梓等數家於四月三十日夜被盜匪搶劫
　　　一空請飭警追緝盜贓並請撥發槍械准予組織農民
　　　自衛軍

決議：交東路軍前敵總指揮部政治部。

（五）現任留雲學校校務委員會盧叔揚等呈稱再呈留雲
　　　學校接收改組真相請鑒核維持

決議：交教育委員會。

（六）特別市黨部四區四十一分部曹聚仁函稱近日坊間
　　　竟有將總理所著三民主義等書籍延請律師保護版
　　　權藉圖牟利請指定殷實書局擔任發行並限制售價
　　　以廣流傳附廣告一紙

決議：飭警廳從嚴查辦，並由警廳訓斥該律師等。

（七）上海中醫公會主席趙實夫呈稱該會前經市政府備

案近見報載又有淞滬醫士公會呈報籌備一案按該
公會既背行政規定又違設立團體之原則請予審核

決議：交警廳併案辦理。

（八）滬北工巡捐局長王和呈稱遵復接收局務情形所有
該局預算及各項收支因局長接事未久須於五月中
旬方可造送請鑒核

決議：存。

（九）上海特別市七寶獨立區分部代表李瘦竹等呈稱七
寶區加入上海特別市臚陳理由六款請予追認

決議：交上海特別市黨部核辦。

（十）中華職業教育社函稱該社定五月八日在上海小西
門外新馬路陸家浜職工教育館舉行紀念儀式請蒞
臨賜教

決議：不理。

（十一）吳委員忠信提議啟封新申報並啟封後發刊辦法
附狄芝生條陳一件請裁酌

決議：交宣傳委員會。

（十二）通過中國國民黨中央政治會議上海臨時分會教
育委員會組織大綱

（十三）淞滬警察廳吳忠信函開淞滬警察廳政治部主任
及淞滬警察廳權限若何該部是否受廳長節制指
揮抑係平等地位請分別飭知以便遵守由

決議：警察廳政治部主任應受警察廳長之節制指揮。

（十四）公推楊杏佛陳羣沈澤春為審查勞資仲裁建議案

委員（案由沈澤春提出）

（十五）黨員汪彬等函稱上海新聞報館在昔抨擊本黨不
遺餘力近雖派員檢查而字裏行間時露其反動跡
象請予沒收派員保管或予封閉禁止發行其外各
報亦請分別取締以消反側由

決議：交宣傳委員會。

（十六）郭委員提議由本會特別費項下撥宣傳委員會開
辦費三千元

決議：照撥。

（丙）處理事項

（一）白委員崇禧函轉久大精鹽公司上海經理處呈稱精
鹽特稅公私交困請明令免除以蘇民困事關財務行
政請核辦

（二）上海特別市黨部函送該黨部黨化教育委員名單並
請將二會合併辦法示復

第十五次會議

十六年五月六日上午十時

出 席 委 員：褚民誼　潘公展　陳其采（沈澤春代）

　　　　　　　吳忠信　孟心史　楊杏佛　蔣尊簋

　　　　　　　楊樹莊（李景曦代）　白崇禧（陳羣代）

　　　　　　　郭泰祺

臨時代理主席：蔣尊簋

記　　　　錄：徐佩璜

（甲）報告事項

（一）中華全國道路建設協會王正廷等冬代電賀本會成
　　　立並請對於該會予以提倡指導

（二）上海縣長邵樹華呈稱南市保衛團四處勒捐已無可
　　　諱茲幸該團委員會業已推翻舊職員復出擔任刷新
　　　有望除請指導員切實整頓並傳原具呈人訊問查核
　　　外據實呈復請鑒核

（乙）討論事項

（一）上海特別市黨部函轉上海法政大學學生會等請迅
　　　予派員接收上海法政大學改組國立特派員偕該具
　　　呈人來會請接洽
　　　又上海大學學生會等呈稱徐校長離滬校務負責無
　　　人請迅予派員接收改組國立

決議：交教育委員會。

（二）留雲寺住持德浩呈報留雲學校略歷並一月來吳耕
　　　莘童行白雙方紛擾經過情形現擬謝卻雙方自由改
　　　組曾邀集校董會議意見僉同請明令准予自由改組
　　　禁止他方干涉以維學校

決議：交教育委員會。

（三）松江縣亭林市公民王隆文等呈稱該市女棍施蔡氏
　　　暨土棍高阿妹等乘清黨之際挾嫌反誣並彙呈該女
　　　棍等平日敲詐事實請予交松江縣秉公核辦

決議：交松江縣。

（四）青浦縣公民協會呈稱依據黨綱組織青浦縣公民協會
　　　抄具簡章一份暨臨時提議議決案五件請鑒核備案

決議：不准。

（五）奚亞夫函稱北四川狄思威路極司斐而路等均係工
　　　部局越界所築之路二旁地基均係華界近工部局對
　　　於二旁所建房屋擅行編訂門牌徵收各項捐款請本
　　　會嚴重交涉並飭令警察廳前往補編門牌以維國權

決議：交交涉使及警察廳。

（六）上海特別市黨部函稱改組律師公會籌備委員名單
　　　已由該黨部圈定十五人請本會指令交代在案茲據
　　　譚毅公來函知張一鵬等又有托故延宕交代之事附
　　　抄原建件請指令張一鵬等即速交代

決議：派黃鎮盤、姚文壽、秦聯奎、席裕昌、李祖虞、
　　　譚毅公、沙訓義、李時蕊、陳霆銳、黃煥昇、張
　　　恩灝、駱通、陳文照、劉祖望、湯應嵩十五人為

　　　　改組律師公會籌備委員，著該員等即日前往接收
　　　　律師公會籌備改組。

（七）趙烈呈稱前呈訴上海市公所工程處主任楊駿卑鄙
　　　　貪墨蒙本會交上海縣查復昨見該公所牌示限烈於
　　　　五日內收集證據赴該公所備查伏思烈實無赴該公
　　　　所之必要屆時當攜證到本會請求公開質訊

決議：（一）飭趙烈檢同證據赴上海縣申訴（二）飭上海
　　　　縣秉公辦理。

（八）傅宗耀呈稱據實聲辯請鑒核收回通緝令

決議：（一）著即自行投案聽候訊辦（二）通令執行通
　　　　緝機關迅予拿辦。

（九）大同大學創辦人立達學社呈請政府撥款接辦大同
　　　　大學

決議：交教育委員會。

（十）上海各團體五月革命運動紀念籌備委員會函請批
　　　　准五五五七五九五卅開會

決議：五七、五九本係一事，五七應無容開會，五九查
　　　　照本會通告辦理，五卅屆時再定。

（十一）中華職業教育社函稱該社定於本月八日舉行十
　　　　　周紀念會請迅予批准

決議：照准並通知淞滬警察廳保護。

（十二）上海教育委員會請保留江灣遊民模範二廠為創
　　　　　辦勞動大學之基礎由

決議：准予保留。

（十三）浦東中學學生會函稱該校舊校董事會向為黃炎
　　　　培等諸學閥所盤據該校學生會等三團體早已登
　　　　報聲明否認現閱報載該校董會已選出新校董
　　　　十五人呈請本會立案請俯順輿情不允所請由
決議：已經教育委員會派員查賬處分。
（十四）青浦縣公民協會呈稱依據黨綱組織青浦縣公民
　　　　協會抄具簡章一份暨臨時提議議決案五件請鑒
　　　　核備案由
決議：不准。
（十五）決議：明令即日禁止發行彩票，飭警廳執行。
（十六）決議：發表關於辦理土豪劣紳事件佈告一件。

布告

近日各縣行政長官紛紛呈報，人民以土豪劣紳互相讐訐，
甚或用暴力互相侵侮。地方向有派別，動相水火，今則
濫用革命勢力未到以前之標語，彼此尋仇，純視人數之
多寡、腕力之強弱。今日人眾力強，則指彼方為土豪劣
紳，明日彼方人眾力強，又指此方為土豪劣紳，循環報
復，各任己意，置法律於何地。須知往日在壓迫之下，
無奈此土豪劣紳，何故呼號打倒，以作革命之氣。今則
政權已歸革命政府，如有土豪劣紳，應由政府頒定條例
辦理，未頒定以前，對於土豪劣紳有受害事實，可向司
法機關起訴。以後行政官廳如遇此項仇訐之案，一概駁
斥不理，惟司法機關得按照案犯事實受理，倘擅指他人

為土豪劣紳而加凌暴，責成行政官廳逮捕提起公訴，由法庭按其為害情節之輕重，分別照律治罪。除錄報中央政治會議，通飭各省一律辦理外，特此布告。

（十七）決議：函請中央政治會議頒佈懲治土豪劣紳條例。

（十八）決議：上海臨時法院院長盧興原未到任前，派胡詒穀暫行代理。

（十九）決議：通過審查上海特別市暫行條例草案委員會報告及修正案，並議決備函請褚委員民誼出席中央政治會議說明一切。

（二十）公民董康呈請發給律師證書並通知法院允許出庭等由

決議：轉江蘇省司法廳給發辦理。

（丙）處理事項

（一）沈元等呈稱生活艱難請迅予任命附廣告一紙

擬：存。

第十六次會議

十六年五月七日上午十時

在上海新西區

出 席 委 員：潘公展　蔣尊篹　楊樹莊（李景曦代）

　　　　　　　白崇禧（陳羣代）　陳其采（沈澤春代）

　　　　　　　楊杏佛　孟心史

臨時代理主席：蔣尊篹

記　　　　錄：徐佩璜

（甲）報告事項

（一）白委員崇禧函轉總政治部陳主任呈稱派吳徵為查
　　　辦債券委員清查各債券公司債券商店之一切積弊
　　　一面禁止發行一面根究公款所有查辦情形已令飭
　　　秉公具復以憑核示請示遵等情請查照

（二）蘇州工會組織統一委員會電呈該會組織經過情形

（三）蕪湖市總工會支電稱共產首惡陳獨秀徐謙等受蘇
　　　俄豢養遵鮑羅廷命令違背三民主義欺騙無產階級
　　　請中央削除該逆等國籍以謝天下並稱皖省共產份
　　　子已將肅清由

（乙）討論事項

（一）上海市商民協會呈稱組織該會之緣由及經過情形
　　　並抄附臨時執行委員及常務委員姓名請備案

決議：交特別市黨部。

（二）上海商業聯合會虞洽卿等函呈組織該會之緣由所
　　　有組織一切辦法請本會加以指導

決議：交特別市黨部查照。

（三）上海特別市小學教育聯合會函稱該會組織成立之
　　　經過情形附呈章程二份請准予備案

決議：交特別市黨部及教育委員會。

（四）南匯臨時縣黨部函稱該縣遠北市公民張少泉土豪
　　　衛誠甫挾怨反誣一案已由本會交上海特別市黨部
　　　辦理按轄境及黨區論應交該縣黨部請示復祇遵
　　　又函稱該縣臨時縣黨部業經政治部指導改組下級
　　　黨部現在著手改組該縣遠北市公民衛誠甫並請本
　　　會派員指導改組該市張少泉組織之七區黨部一案
　　　以轄境及黨區論均應交該縣黨部核辦請查明示復

決議：交東路軍前敵總指揮部政治部。

（五）上海法科大學董康等函稱該校學生自我軍戡定淞
　　　滬之後莫不歡忻謳歌服膺主義乃前日竟有人函上
　　　海特別市黨部報稱該校容留反動份子先後奉到東
　　　路軍總指揮部政治部來函查詢法捕房派員來校查
　　　詢雖經分別據實答覆然使浮言不息頻經查詢則學
　　　生學業學校安寧二受影響請轉知各機關代為說明

決議：轉東路軍前敵總指揮部政治部。

（六）奉賢縣第一次各級黨部聯席會議主席陸祖德呈報
　　　聯席會議議決清黨運動辦法附呈議決案一件請派
　　　員監察指導

決議：交東路軍前敵總指揮部政治部。

（七）寶山縣江灣鄉公民吳垂瓚呈稱該鄉劣紳張之叔等
　　　於去冬孫逆傳芳齎武徐淮時甘心助逆荼毒鄉民特
　　　開具被拘鄉民姓名住址請究辦

決議：交東路軍前敵總指揮部政治部。

（八）嘉定縣國民黨員朱惟德等呈稱該縣黨部著名跨黨
　　　份子張方來等把持黨務宣傳共產違犯黨綱請迅令
　　　撤銷該偽縣黨部另派忠直同志馳赴該縣徹底指導
　　　改組

決議：交東路軍前敵總指揮部政治部。

（九）嘉定縣葛隆興公民王浩然等呈稱該縣區黨部潘子
　　　久等擾亂居民擅殺陳巽倩違背總理三民主義請迅
　　　予解散該黨部嚴懲不法黨徒並派員指導改組

決議：交東路軍前敵總指揮部政治部併案處理。

（十）承天中學學生代表張光天等函稱該校風潮之經過
　　　情形及該校校長周志禹反對純正之委員制無故宣
　　　告停辦請迅予查辦或暫時派員接收以待解決附市
　　　黨部函一件

決議：交教育委員會。

（十一）上海第一區黨部函稱見報載上海邵縣長呈復本
　　　　會曹行鄉民丁伯奇陳訴該區黨部黨員楊厚生等
　　　　搶劫財物私自拘禁一案並該鄉農民蔡晉村等函
　　　　呈暴徒楊連卿等擾害地方情形各等情查楊厚生等
　　　　均是本黨純潔黨員臚陳經過請查照是非再下公論

決議：交東路軍前敵總指揮部政治部查明辦理。

（十二）特派江蘇交涉員郭泰祺呈稱該署設立華洋民事
　　　　上訴處月支薪公各費一千元以前呈准指定就賽
　　　　馬稅項下撥發嗣因該款迄未解到經前任另行籌
　　　　墊各在案現值改革伊始財政統一該處經費急應
　　　　核定除由該署墊發四月份經費以資辦公外請核
　　　　議撥發

決議：交財政委員會。

（十三）上海華商電氣公司代理經理朱尚儉呈稱電燈電
　　　　車二項事業均關民眾日用所必需特援各國通例
　　　　凡遇一切紀念日期所有電燈電車概不停工以便
　　　　民眾請指令祗遵

決議：照准。

（十四）奉賢縣黨部第一次各級黨部聯席會議主席陸祖
　　　　德呈報議辦春帳情形附呈議決案請鑒核備案示遵

決議：備案。

（十五）中國商船駕駛員公會呈請指令輪船招商局解僱
　　　　英籍職員改用國人以挽國權而利航行

決議：移交楊委員杏佛轉交調查招商局委員會。

（十六）五卅死難家屬聯合會傅文豹呈稱商會會長虞洽卿
　　　　延緩五卅恤款不體下艱請准予追究以維民命案

決議：由沈澤春轉達虞洽卿函復本會辦理。

（十七）上海特別市黨部轉來黨員郁警宇函一件稱上寶
　　　　二縣當鋪取利過重有害民生附抄通告一紙請依

　　　法取締案

決議：飭淞滬警察廳查明呈報核辦。

（十八）上海各團體五月革命運動紀念籌備委員會函報
　　　　該會五月一日及五月四日兩紀念之通過宣言及
　　　　議決案請備案並請以中央賦予本會權力分別查
　　　　核施行由附剪報載宣言及議決案四紙

決議：存。

（十九）旅滬安徽公學全體教職員學生函稱頃有二十六
　　　　軍政治部派人到校聲稱欲借駐該校為辦公之地
　　　　點該校並無餘屋請俯允另覓他處辦公使學生不
　　　　致失學由

決議：轉二十六軍司令部（最好請顧念教育另覓地點，
　　　　免致學生廢學）。

（二十）決議：凡關於改組及接收學校事宜，應統由教
　　　　育委員會議決，呈由本會核准辦理。

（二十一）決議：發表布告如下。

五九國恥本會前定各界下半旗紀念，茲據上海各團體五
月革命運動紀念籌備委員會推派代表前來請求開市民大
會，本分會議決照准。一面通令各軍警機關屆期妥行保
護，維持秩序，以後各界召集大會，須於事前呈報本分
會核准，方得公布召集。此布。

第十七次會議

十六年五月九日上午十時

出 席 委 員：潘公展　陳其采（沈澤春代）　孟心史
　　　　　　　楊杏佛　吳忠信　楊樹莊（李景曦代）
　　　　　　　白崇禧（潘宜之代）

主　　　　席：楊杏佛

記　　　　錄：徐佩璜

（甲）報告事項

（一）政治會議秘書處庚電稱陽日八十九次會議議決加
　　　派吳倚傖陳羣歐陽格為上海臨時分會委員吳委員
　　　敬恆鈕委員永建陳委員果夫葉委員楚傖請辭去上
　　　海臨時分會委員議決照准

（二）上海商民慶祝大會籌備處函稱該會於五月五日議
　　　決發電擁護國民政府中央執行委員會蔣總司令外
　　　並決議二案

　　　（一）組織商民後援會討論具體辦法

　　　（二）要求以商民協會商業聯合會商總聯合會為
　　　　　　代表上海商民團體參加市政

（乙）討論事項

（一）松江縣漕涇鄉豪紳楊大少爺前曾召集地痞搗毀亭
　　　林市黨部毆捕駐部人員現又召集地痞按級發給口
　　　糧情形嚴重請予澈查

決議：轉東路軍前敵總指揮部政治部。

（二）嘉定縣公民高在邦等呈稱該縣黨部潘子久等宣傳
　　　共產政治監察員陸友白串同作奸壓迫民眾請咨東
　　　路政治部撤回陸友白另行派員飭底指導一面將該
　　　黨部解決並通緝各犯一律歸案治罪

決議：轉東路軍前敵總指揮部政治部。

（三）上海大學全體教職員呈稱該校向為我軍聲援不意
　　　本月二日忽奉東路軍前敵總指揮部政治部派來武
　　　裝軍士多人將該校各辦事室一律封鎖並限學生於
　　　最短期內遷出校外想係誤會特推陳望道周由廑為
　　　代表據情報告請設法撤退軍警恢復原狀

決議：轉東路軍前敵總指揮部政治部。

（四）蒲淞區公團呈稱報載上海實業局奉令調查各鄉搗
　　　亂份子致函各市鄉商會市鄉公所查明具復等因查
　　　該局自去秋奉孫逆偽令組織成立局長張啟沃為萬
　　　惡昭著蒲淞總董顧孝清之走狗此舉對於各鄉董不
　　　啻為虎添翼而蒲淞同志必為該董進行羅織打倒請
　　　迅令該縣長收回成命另委忠實同志澈底清查

決議：飭上海縣查復。

（五）上海大學學生方超驥等呈稱清黨運動殃及該校校
　　　舍遭封藏修無所請轉知前敵總指揮部政治部立予
　　　啟封以免失學無歸之苦並稱該校尚有跨黨份子請
　　　派員到校嚴加甄剔或逕行接收改組均所歡迎

決議：與第三案交東路軍前敵總指揮部政治部併案辦理。

（六）南匯縣六團鄉民楊仲新等呈稱該鄉劣紳張贊唐張
　　　文父子敲詐殃民毒害地方臚陳事實四款請密令拿
　　　辦以儆不法

決議：交南匯縣辦理。

（七）周覺天函請飭各影戲園於開映影片前加演總理遺
　　　像遺囑

決議：交宣傳委員會。

（八）淞滬醫士公會臨時執行委員會呈報該會組織經過
　　　情形並稱上海中醫公會究於何時籌備何時成立現
　　　有會員若干並請鑒核示遵（附通告三紙提案簡章
　　　新聞各一份）

決議：交淞滬警察廳。

（九）東路軍前敵總指揮部政治部函轉上海房客總聯合
　　　會臨時執行委員會主席顧惠民呈報組織該會經過
　　　情形附章程一份請核辦

決議：交淞滬警察廳。

（十）上海筆墨業商民協會籌備處呈稱毛筆工會提出要
　　　求三項條件太苛萬難承認請派員取締或改組

決議：保留，俟勞資仲裁機關成立後再行交辦。

（十一）潘序倫函稱頃因討論本會陳委員其采所提出之
　　　　勞資仲裁會條例及解決之工商條例二草案特擬
　　　　意見油印六份請於開會時分發

決議：交勞資仲裁條例審查委員會。

（十二）閔行區農民協會籌備委員王大經等呈報籌備閔

行區農民協會經過情形附呈章程草則一份執行
委員會名單一紙請鑒核備案

決議：交上海特別市黨部。

（十三）上海一區四分部執行委員會函轉該分部張翼施
家璜二同志擬組織區教育協會請鑒核示遵

決議：暫存。

（十四）上海特別市黨部青年部呈報承天中學學潮經過
情形請予秉公解決

決議：交教育委員會。

（十五）商辦輪船招商總局呈報該局集股創辦緣起並此
次本會派員與該局籌商改善辦法傳告股商同聲
感戴請飭各官廳一體認真保護並予批示祗遵

決議：交招商局清查委員會。

（十六）上海各團體五月運動紀念籌備會函稱該會已議
決五九假閘北青雲路南市公共體育場二處開國
恥紀念大會茲據工會統一委員會報告因五一勞
工紀念工友參加運動後廠主將其工資扣除並開
除千餘工友深恐五九仍有此種現狀發生請明令
各工廠主對於工友參加愛國運動概勿扣除工資
及開除

決議：交工會組織統一委員會詳細調查開除工人之廠
名、開除日期及人數，呈由本會核辦。

（十七）沈澤春等報告奉派清查接收遊民模範工廠情形
並稱以後是否一仍舊制設置總理抑應組織委員

　　　　會辦理其事請議決施行

決議：加派王一亭、王曉籟為清查及接收遊民模範工廠
　　　委員，並飭上海財政委員會撥維持費五千元。

（十八）吳委員忠信函稱今日午前因張副廳長伯岐到任
　　　　須在廳接待不克詣會出席如提議遊民工廠採取
　　　　委員制擬推舉王一亭顧馨一王曉籟馮少山四人
　　　　以備本會採擇請查照

決議：與第十七條併案辦理。

（十九）上海縣商會等各團體電為傅宗耀辯護請再行審
　　　　查復議

決議：申斥縣商會。令公共租界及法租界公廨出票拘拿
　　　傅宗耀，務限於二星期內到案訊辦。

（二十）淞滬衛生局局長劉緒梓呈報接管淞滬衛生事宜
　　　　暨經費支絀情形請鑒核示遵

決議：著暫維現狀，聽候上海特別市政府成立後再行核
　　　辦，並仰該員立即呈明前由何人委任。

（二十一）汪于岡等呈稱淞滬衛生局長獨裁有改組之必
　　　　　要擬具上海市衛生委員會組織條例草案一件
　　　　　請採擇施行

決議：聽候上海特別市政府成立後再行核辦。

（二十二）潘委員公展提出翁長熙同志之處理房租減輕
　　　　　事宜意見書並提議組織房租審查機關公平決
　　　　　定房租之應減與否

決議：請潘公展、沈澤春、吳忠信三同志審查翁同志之

組織房租審查機關意見書。

（二十三）潘宜之同志提議設立黨務人員養成所

決議：通過設立黨務人員養成所，並推定潘宜之為所長
負職籌備一切。

（二十四）決議：飭上海財政委員會撥黨務人員養成所
籌備經費洋一千元。

（二十五）決議：布告令上海政治財政等各機關，於五
日內到本會呈報受委日期及辦理情形，如逾
限不報，即行撤換。

（二十六）決議：令上海各機關調查委員會從速將各機
關現狀及主持人員詳細呈報。

（二十七）決議：布告一件。

據工會組織統一委員會報告，因五一勞働紀念工友參加運
動後，廠主又扣除工資及開除工友情事，殊違本黨保護農
工政策。除飭該委員會詳細查復以憑核辦外，特再剴切布
告，倘以後再有此項壓迫工友舉動，黨紀具在，絕不寬
假，仰各廠主一體遵照。此布。

第十八次會議

五月十日上午十時

出 席 委 員：孟心史　楊銓　吳忠信　潘公展

　　　　　　　蔣尊簋　陳其采（沈澤春代）

　　　　　　　楊樹莊（李景曦代）

　　　　　　　白崇禧（潘宜之代）　陳羣

主　　　　席：蔣尊簋

記　　　　錄：徐佩璜

（甲）報告事項

（一）淞滬警察廳吳忠信呈復遵飭查禁各種獎券發行並
　　　准楊處長陳主任函請飭屬勒限各債券局各債券商
　　　店即日閉歇等情並經令飭查辦在案請鑒核

（二）松江縣政治監察委員陳德徵呈稱指導改組松江縣
　　　黨部情形請鑒核

（三）中央組織部函稱該部請派歐陽格指導上海工人運
　　　動案已經中央通過請查照

（四）奉賢縣長閔志達呈報到任日期請鑒核備案

（五）上海特別市黨部組織部函復本會交辦七寶獨立區
　　　分部已准予備案從事指導矣

（六）上海兵工廠長石瑛函報到任日期

（七）江蘇兼上海財政委員會函復本會交辦染缸稅一案經
　　　該會議決取銷並令發上寶二縣曉諭商民矣請查照

（八）澳門支部第一分部全體黨員等敬代電擁護中央執

監委員會國民政府蔣總司令

（九）上海商民慶祝大會籌備處呈報該會五月五日通過
致國民政府中央執行委員會及蔣總司令電各一件
並議決二案

（一）組織國民革命軍商民後援會由主席團召集
各團體商議援助具體辦法

（二）要求商民參加上海市政組織以上海市商民
協會等三團體為代表團體由主席團派代表
赴寧接洽

除派員赴寧接洽外定九日召集主席團商議進行辦
法請鑒核備案隨時指導附抄電二件

（乙）討論事項

（一）浦東中學校友會主席理事王崇植呈稱該校新校董
會苟能澈底整理基金事實上並非不可維持請依法
批斥該校學生會非法議決案單獨呈請本會接收該
校改歸公立以維私立精神

又浦東中學學生會主席陳燁呈請准予接收浦東中
學改為公立以謀改進又浦東中學校主楊新呈稱該
校現有不動產與原有額相差無幾祗須新校董會澈
底統籌儘可恢復原狀茲該校沈校長違法提議將該
校改歸公立該校學生會違法議決呈請本會收為公
有請秉公駁斥維持私立精神並稱本會派員查帳無
任贊同附章程一份

又浦東中學教職員會主席張仲友呈稱該校糾紛請
迅予解決

決議：交教育委員會併案辦理。

（二）復旦大學全體教職員函報組織校務委員會選出李
權時等七人為執行委員余楠秋等四人為監察委員
以後該校一切事務即由該委員會負責辦理請予備案

決議：交教育委員會。

（三）上海法政大學校務維持委員會冷雋等呈稱該校由
學生會市黨部東路前敵總指揮部政治部推派代表
並加入熱心校事之教職員共組校務維持委員會臨
時處理該校對內對外一切事宜請准予備案

決議：交教育委員會。

（四）嘉定縣公民徐兆貴等呈稱陸友白奉委到嘉充政治
監察員勾結黨部內共產份子把持黨務請將該黨部
撤銷並派員改組
又東雨霈等同樣來呈一件

決議：交東前總政併案辦理。

（五）國民政府秘書處函指松江葉村鎮商號義大等呈報
該鎮三區四分黨部橫行不法鼓吹共產請分別檢舉
懲辦原呈一件請查照辦理

決議：交東路軍前敵總指揮部政治部。

（六）第四中學畢業同學會理事朱國祥呈稱該校為少數
離校共產份子捏造新聞希圖破壞請究辦

決議：交東前總指揮部政治部。

（七）上海茶食糖果業商民協會呈稱照章組織上海茶食糖果業商民協會請准予立案出示保護附章程委員姓名各一份

決議：交上海特別市黨部。

（八）上寶綢綾染業協會分會籌備處呈報籌備組織上寶綢綾染業協會分會公舉魯廷建等為籌備委員請鑒核備案

決議：交上海特別市黨部。

（九）上海理船廳稽查職工會呈稱該會業經工會組織統一委員會登記在案現該廳稽查領袖王珊琳通告否認並開除職工二十一又一號稽查王張順假該廳名義組織棉花船行所雇職工一律停歇並請派員查辦附章程一份

決議：交工會組織統一委員會。

（十）上海閘北藥業飲片商民協會呈報閘北中藥飲片業店東夥友加薪糾紛擬陳解決條件照原薪增加三成請予制裁並請飭上寶二縣淞滬警廳出示維護

決議：暫行保留，俟勞資仲裁機關成立後再行核辦。

（十一）嘉定縣江橋鄉鄉董范載侯等呈稱興華墾牧漁業公司地產無故啟封請特飭該縣明令撤銷並予沒收撥充地方公用

決議：交嘉定縣查復。

（十二）上海商業聯合會稱糖洋南北雜貨公會乃十一業營業市場每日互市人數達二千餘人所有會場萬

難騰借請轉宣傳委員會另覓辦公地點

決議：交宣傳委員會。

（十三）上海教育委員會函稱據交辦留雲學校函件已議
　　　　決派歐元懷沈伯英前往調查請飭派警士二名隨
　　　　同出發

決議：交淞滬警察廳。

（十四）三北輪船公司虞洽卿函稱該公司經理鴻安公司
　　　　之富陽輪來往上海重慶等處航線昨接重慶來電
　　　　渝當局因美仁船有舊案未了誤認富陽輪改名圖
　　　　避請訊電劉軍長證明

決議：電渝當局證明富陽輪係鴻安公司之船，並未改名。

（十五）上海教育委員會函稱該會鈐記是否由本會頒發
　　　　抑由該會自行刊用請示遵

決議：由本會頒發。

（十六）總司令部交通處長李範一呈稱遵令接收交通部
　　　　電報傳習所報告調查所得該所內容情形擬請將該
　　　　所停辦另行改組附具根本解決辦法請決議施行

決議：交常務委員審查。

（十七）李範一呈稱遵令接收南洋大學報告該校大概情
　　　　形請籌備的款以支維持

決議：交常務委員審查。

（十八）上海特別市黨部函請追加該黨部每月商民運動
　　　　費二千元

決議：存。

（十九）東路軍前敵總指揮部政治部函轉大東全記呈請
　　　　令行上海塘公局解放交通所有上川長途汽車公司
　　　　輪渡應與該局輪渡一併開行公司方面應貼塘工局
　　　　碼頭費若干妥訂合同以便交通一件請查照辦理
　　　　又據上海浦東塘工善後局呈稱上川交通公司朦
　　　　請附設行輪檢附成案請予鑒核並稱該公司如有
　　　　朦請情事請予批駁以維公益

決議：交警察廳併案處理。

（二十）閘北市公所臨時經董王棟呈報閘北市政原狀擬
　　　　請召集以前辦理民選職員及士商領袖會同該董
　　　　組織委員制執行市政請鑒核

決議：存。

（二十一）東路軍前敵總指揮部政治部函轉中國三民主
　　　　　義青年團函請轉咨本會制定雅片禁章限期禁
　　　　　絕以除民害

決議：存。

（二十二）上海特別市黨部交議上海私立初級小學校校
　　　　　長程潁請免納地租撥充校基

決議：交上海縣向輔元堂查明呈報。

（二十三）孟心如函呈改正條約會刊及抵制英貨具體辦
　　　　　法十冊宣傳出品請予贊同此次宣傳方法並請
　　　　　示知宣傳委員會開會日期以便到會陳述意見並
　　　　　願翻譯俾斯馬克社會政策之書籍以供政治參考

決議：交宣傳委員會。

（二十四）淞滬警察廳函稱遵飭查復淞滬醫士公會籌備
及選舉情形暨交辦上海中醫公會函開各節查
現在戒嚴期內不准集會該二醫會應遵照戒嚴
條例辦理請查照

決議：批回警廳暫存待查。

（二十五）上海市內各地方機關調查委員會呈報調查揚
子江技術委員會情形抄附該會駐滬測量處調
查表並意見書節略副本各一份請接收該組由

決議：推定郭委員復初、李同志景曦、朱同志貢三、張
同志一鳴，會同沈伯先、奚定謨、宋希尚、許心
武、趙錫恩討論接收及改組揚子江技術委員會及
濬浦局辦法。

（二十六）決議：推定陳委員羣、潘委員公展為常務
委員。

（二十七）決議：推定潘委員公展、孟委員心史、楊委
員杏佛、沈同志澤春、潘同志宜之、吳委員
忠信調查政治黨務及財政現狀。

（二十八）決議：請楊委員杏佛、潘委員公展、孟委員
心史審查上海黨務練習所簡章。

（二十九）電請中央宣傳委員會加委郭泰祺、林知淵、
謝福生、余日章為中央宣傳委員會上海分會
委員。

（三十）決議：刻木質本分會大方印一顆。

（三十一）決議：徐秘書薪俸照狄秘書同樣支給。

（丙）處理事項

（一）上海房租減半運動總聯合會函報該會訂於五月八日下午二時開第四次代表會議請派員指導同樣來函計二件

（二）上海市蒲淞區農民協會函稱五月七日下午二時該會等假上海縣立第五小學舉行市民國恥紀念大會請派員指導由

（三）上海建設討論會籌備處呈稱該會定五月八日下午一時在民國路九畝地同善善會開成立大會請派員指導由

第十九次會議

十六年五月十一日上午十時

出 席 委 員：褚民誼　潘公展　陳其采（沈澤春代）

　　　　　　吳忠信　孟心史　蔣尊簋　郭泰祺

　　　　　　白崇禧（潘宜之代）

　　　　　　楊樹莊（李景曦代）　楊杏佛　陳羣

主　　　　席：蔣尊簋

記　　　　錄：徐佩璜

（甲）報告事項

（一）上海地方審判廳長鄭毓秀呈報飭拿傅宗耀已函請
　　　同級檢查廳嚴密緝拿歸案訊辦矣請鑒核

（二）上海縣縣長邵樹華函稱遵飭派員到會將所有舊道
　　　署案卷悉數搬移該縣署保管請察核

（三）褚委員民誼報告以下各項

　　（一）在寧出席中央政治會議五月九日第九十次會
　　　　　議為報告本會所通過之上海特別市條例草案
　　　　　因中央政治會議業已通過一上海特別市暫行
　　　　　條例草案故不必報告惟對於該條例第二十三
　　　　　條中土地問題之第五項不過為字句之修改而
　　　　　已其他大致與本會所通過者相同一取委員制
　　　　　一取市長制耳（條例草案附後）

　　（二）對於教育者（甲）中央教育行政委員會已奉
　　　　　令代行教育部職權以後關於教育事項本會之

教育委員會更應受中央教育委員會之指導與命令（乙）本會上次准予保留之江灣模範遊民兩工廠為勞働大學之基礎案現已由中央政治會議議決照中央教育行政委員會之提議辦理並議決勞働大學籌備處於南京豐神門外老洲止易園指定中央教育行政委員會常務委員金曾澄許崇清蔡子民李石曾褚民誼為當然籌備員另加聘本會所指定之接收員吳忠信嚴慎予沈澤春及張靜江張性白匡互生等十一人為籌備員（其詳細另具教育門）（丙）中央教育行政委員常務委員李石曾蔡子民褚民誼等鑒於現今教育之破產特規定新教育計畫如新教育方針新教育制度等俟全體委員決議後呈請政府公布

上海特別市暫行條例草案

第一章　總則

第一條　本市為中華民國特別行政區域，定名為上海特別市市。

第二條　上海特別市直隸中央政府，不入省縣行政範圍。

第三條　本暫行條例適用於上海特別市全部。

第二章　市區域

第四條　本市區域暫以上海寶山二縣所屬原有之淞

　　　　　滬地區（及將收回之租界）為特別市行政範
　　　　　圍，其區域之分劃由市政府呈請中央政府
　　　　　核定之。

第五條　本市俟租界收回更定範圍，應時勢需要擴
　　　　大區域，得由市長呈請中央政府核定之。

第六條　已劃入本市之地域不得脫離本市以建立第
　　　　二獨立市。

第三章　市行政範圍

第七條　關於左列各事市政府有議決執行之權。

　　　　一、市財政事項

　　　　二、市公所消防及其他防災事項

　　　　三、市土地分配及使用取締事項

　　　　四、市港務及財政管理事項

　　　　五、市公產之管理及處分事項

　　　　六、市內公私建築事項

　　　　七、市戶口之調查及統計事項

　　　　八、市民生計民食統計及農工商之提倡改
　　　　　　良保護事項

　　　　九、市教育風紀事項

　　　　十、市公益慈善事項

　　　十一、市交通電汽電話自來水煤汽及其他公
　　　　　　用事業之經營及取締事項

　　　十二、市街道溝渠堤岸橋梁建築及其他關於
　　　　　　土木工程事項

十三、市公共衛生及公共娛樂事項

十四、中央政府委辦及特許處理事項

十五、其他法令所賦予事項

第八條　市行政事項如與省行政有關聯或抵觸而不能自行解決時，當呈請中央政府裁定之。

第四章　市行政組織及職權

第九條　本市設市長一人，由中央政府任命之，任期三年。

第十條　市長之職權如左。

一、綜理全市行政事務並為市政聯席會議主席

二、對外代表市政府

三、執行中央政府命令

四、召集市政府聯席會議

五、審查參事會之建議

第十一條　市行政事務得設下列各局專管之，但遇市務必要時，市政得呈准政府設立特別機關辦理之。

一、財政局

二、工務局

三、公安局

四、衛生局

五、公用局

六、教育局

七、土地局

八、港務局

九、工商局

十、公益局

第十二條　每局設局長一人，由市長呈請中央政府任命之。

第十三條　各局長之職全如左。

一、掌理本局內一切事物

二、承市長命令執行市政聯席會議議決事項

三、建議本市興革事項於市政聯席會議

第十四條　市長為統籌市政事務，得召集各局局長組織市政聯席會議。

第十五條　市政聯席會議之議案範圍。

一、關於第七條各項行政事宜

二、關於市行政各機關編制事項

三、關於市行政之經費及預算決算事項

四、關於市行政之興革事項

第十六條　市政聯席會議辦事細則由該會另定之。

第十七條　財政局掌理左列事項。

一、徵收市捐稅

二、管理市公產

三、經理市公債

四、收支市公款

五、編造預決算

六、其他關於市財政事項

第十八條　工務局掌理左列事項。

一、規劃新街道

二、建設及修理道路橋梁溝渠

三、取締房屋建築

四、經理公園並各種公共建築

五、其他關於土木工程事項

第十九條　公安局掌理左列事項。

一、執行市警察行政

二、編練市消防隊

三、調查戶口

四、取締不規則營業並維持市民風紀

五、維護市內交通

六、其他關於公安事項

第二十條　衛生局掌理左列事項

一、清除街道溝渠

二、管理公立市場、屠場、浴場及取締茶樓、菜館、戲院、浴所、廁所、理髮所、妓院、牛乳場等

三、管理市民生死婚嫁註冊及編造統計

四、取締醫生及藥房之營業並監督私立病院

五、增加市民衛生知識及搜集衛生統計

六、管理市立檢疫所及各種傳染症病院、瘋狂院

　　　　　　七、取締市民一切飲料食料

　　　　　　八、其他關於公共衛生事項

第二十一條　公用局掌理左列事項。

　　　　　　一、經營監督電力、電話、電車、自來
　　　　　　　　水煤氣及其他公用事業

　　　　　　二、關於現有商辦公用事業之收回及管理

　　　　　　三、取締汽車、馬車、貨車、人力車、
　　　　　　　　腳踏車等

　　　　　　四、關於其他屬於公用性質之各種事業

第二十二條　教育局掌理左列事項。

　　　　　　一、管理市立各學校

　　　　　　二、監督市內開設之私立學校

　　　　　　三、取締各種戲院及公共娛樂場

　　　　　　四、審查各種電影畫片

　　　　　　五、保護市內美術歷史自然之紀念及名
　　　　　　　　勝風景

　　　　　　六、推廣社會教育

　　　　　　七、其他關於教育事項

第二十三條　土地局掌理左列事項。

　　　　　　一、測量全市土地

　　　　　　二、評估民產價格

　　　　　　三、土地登記及民產轉移

　　　　　　四、坦地升科

　　　　　　五、取締土地之分配及使用事項

六、其他關於土地事項

第二十四條　港務局掌理左列事項。

一、測量全市河道

二、開闢及疏濬河道

三、管理船政倉棧碼頭事項

四、其他關於港務事項

第二十五條　工商局掌理左列事務。

一、管理公司商號及農工商之團體註冊

二、計畫農工商業改良及取締辦法

三、勞工之獎勸保護辦法

四、勞資兩方調解辦法

五、其他關於工商業及農業事項

第二十六條　公益局掌理左列事務。

一、救濟及預防市民貧困災害事項

二、監督私立慈善機關事項

三、改良市民生計事項

四、管理民食事項

五、其他關於公益事項

第二十七條　各局組織及辦事細則，由市政聯席會議另定之。

第二十八條　市政廳設秘書若干人，承市長之命掌理機要事務及整理文書。

第二十九條　市政廳設總務科科長一人，科員若干人，掌理左列事務。

> 一、主管文牘及印信、保管檔案事項
>
> 二、編輯印刷市政公報並各種市立條例
>   及報告
>
> 三、掌理會計庶務及收發事項
>
> 四、其他事物之不屬各局專管者

第三十條　市政廳辦事細則由市長定之。

第五章　參事會

第三十一條　本市設參事九人至十三人，由市長於
　　　　　　具有下列資格者聘任之，任期一年，
　　　　　　得連任。

> 一、具有專門學識者
>
> 二、具有實際經驗者
>
> 三、具有社會信用者

第三十二條　參事會之職權如左。

> 一、建議本市應行興革事宜
>
> 二、決議市長諮詢案件
>
> 三、審查市行政之成績
>
> 四、有建議時得請派員列席市政聯席
>   會議但無表決權

第三十三條　市參事會主席由該會互選之。

第三十四條　市參事會辦事細則由該會定之。

第六章　附則

第三十五條　本暫行條例由國民政府公布之。

第三十六條　本暫行條例在中央政府未公布上海特

別市條例以前繼續有效。

第三十七條　本暫行條例如有未盡事宜，由市長提
　　　　　　交市政聯席會議議決修改，呈請中央
　　　　　　政府裁定之。

（乙）討論事項

（一）上海教育委員會函稱中法學校事件現該校已奉中
　　　央任命褚民誼為校長辦理一切在案特檢還原卷請
　　　分別答覆

決議：原函及附件已交褚民誼委員帶去辦理。

（二）上海閘北來安里房客聯合會呈轉來安里全體房客
　　　報告該里房主方式如等藉口翻造壓迫房客開具損
　　　失清單一紙請准予維持並令飭該房主方式如等如
　　　數賠償

決議：交警廳查覆。

（三）陸行鄉公民顧兆鵬等呈稱塘工局慶寧市碼頭係該
　　　鄉公產請飭該局毋得租與上川公司供作輪埠

決議：交警廳查覆。

（四）前上海縣戶籍主任姚福生呈稱條陳改革上海全縣
　　　戶籍辦法請察核

決議：俟市政府成立後交核。

（五）上海承天中學校長周志禹呈報該校暫行停辦情形
　　　請鑒核（附呈五件）又呈報停辦情形並稱今晨市
　　　黨部政治部諸公蒞校改組請鑒核（附四件）

決議：交教育委員會併案處理。

（六）上海特別市黨部函交該黨部執行委員會議決宣傳
　　　部提議將本黨主義及重要議決案譯成各國文字案
　　　一件請查照辦理

決議：交宣傳委員會。

（七）嘉定縣公民金鏡清等齊代電稱政治監察員陸友白
　　　濫用職權反抗命令勾結跨黨分子跡近反革命請將
　　　陸友白越權函聘之該縣執行委員迅予解散另派忠
　　　實黨員到嘉改組並飭嘉定縣將陸友白拘案法辦

決議：交東路軍前敵總指揮部政治部併案辦理。

（八）嘉定縣黨員朱維德等齊代電稱該縣政治監察員陸
　　　友白勾串共產狼狽為奸請拘解法辦並請派姚思聞
　　　仇潔馳往改組

決議：交東路軍前敵總指揮部政治部併案辦理。

（九）法商電汽電車自來水工會載漢森等呈稱拿辦工賊
　　　楊家模並警告法商水電公司促其承認該工會要求
　　　條件十二條（附條件及楊家模罪狀各一份）

決議：交工會組織統一委員會。

（十）吳淞沙釣船稽徵局局長趙之僖呈稱現在長江一帶
　　　尚在軍事區域該局近數月稅收恐一時難期起色請
　　　核備案

決議：交財政委員會。

（十一）滬寧滬杭鐵路麥根路碼頭工會呈報車站包工制
　　　　流毒請迅予剷除

決議：暫存（俟勞資仲裁機關成立交辦）。

（十二）上海市郊農民協會籌備委員會呈報籌備上海市
　　　　郊農民協會推定沈若虛等三人為常務委員請予
　　　　備案並請頒發鈐記以資信守

決議：交特別市黨部。

（十三）金其剛等呈稱松江縣黨部尚有未檢舉者侯紹裘
　　　　嫡系徐偉聲等共產餘孽十人盤據要津請連同侯
　　　　紹裘等一並緝拿

決議：交東路軍前敵總指揮部政治部。

（十四）上海租界上訴院民事庭推事胡詒穀函辭暫代臨
　　　　時法院院長職務

決議：存。

（十五）上海教育委員會函稱該會議決請本會通令各校
　　　　在中央政府未頒布整頓教育計劃以前應暫維現
　　　　狀附呈佈告稿一件請鑒核

決議：修正照辦（附修正佈告）。

中央政治會議上海臨時分會佈告第十號

一月以來，滬上各學校學生每以學生會名義向學校當局
提出種種要求，限期答覆，並有其他軌外行動，使學校
當局不能行使職權。當此軍事期內，所有公私學校經濟
異常困難之際，維持現狀已屬不易，倘再生其他枝節，
教育勢將停頓，殊非所宜。國民政府定都南京，對於整
頓教育事項正在積極計畫，一切辦法將來自當公布。所
有各校學生要求，多與國民政府新教育計劃有關，應歸

一律辦理。在政府新教育計劃未頒布以前，各校校務應
暫一律照舊維持，以免紛歧。合亟佈告，仰各學校當局
及學生會一律知照。

中華民國十六年五月十二日

（十六）上海教育委員會函請委任俞慶棠女士為務本女校
　　　　校長並請分別飭知（原卷二紙附繳）

決議：照辦。

（十七）上海學生聯合會呈報該會改組成立請准予備案
　　　　並請每月發給津貼五百元以利進行

決議：交特別市黨部青年部。

（十八）上海特別市黨部函請准該黨部黨化教育委員會加
　　　　入本會上海教育委員會工作以收黨化實效由

決議：加派桂崇基、黃惠平、陳德徵為上海教育委員會
　　　委員。

（十九）曹家渡國民學校呈稱該校經費支絀請飭收當地
　　　　帶收之柴米捐一分畫歸該校由

決議：交警廳查明柴米捐向由何機關徵收，有無帶徵一
　　　分情事，呈復核辦。

（二十）上海特別市黨部交辦上海大學學生方超驥等函
　　　　請該黨部設法啟封該校並派員改組案一件

決議：交東路軍前敵總指揮部政治部。

（二十一）決議：請示中央政治會議，本會印信是否由
　　　　　中央頒發，抑由本會刊用，大小及格式如

何，請電覆。

（二十二）決議：凡關於備案事宜，應由各團體呈請本
　　　　　　會核准。又關於前已在他處備案之團體，須
　　　　　　於十日內呈報本會補行備案，否則作為無效
　　　　　　（附佈告）。

中央政治會議上海臨時分會佈告第十一號

本會第十九次會議議決凡關於團體備案事宜，應由各團
體呈請本會核准。又凡前已在其他機關備案者，須於十
日內呈報本會補行備案，否則作為無效。特此錄案佈告，
仰各團體一律體知照。

中華民國十六年五月十二日

（二十三）決議：通過房租問題佈告一件。

中央政治會議上海臨時分會佈告第十二號

本會第十九次會議議決上海房租問題亟待解決，惟欲求
公平審定，房租須估計土地及工程價格，按照相當利率
制定標準。應俟上海特別市政府成立後，交市政府土地
工務等局指派專門人員趕速審慎辦理，以期公允。在市
政府未成立以前，該項問題應暫緩討論，特此錄案佈告。

中華民國十六年五月十二日

（二十四）決議：上海教育委員會之鈐記應用「上海教
　　　　　　育委員會之印」，大小照後樣。

（丙）審查事項

（一）孟委員心史報告審查李範一呈本會關於南洋大學
　　　及交通部電報傳習所之呈文兩件應交上海教育委
　　　員會核覆

（二）孟委員心史報告審查黨務人員養成所簡章及修正
　　　各點決議通過修正之原文簡章一件

中國國民黨上海黨務人員養成所簡章

第一條　本所為養成深明三民主義了解革命方略之
　　　　人員以供黨務工作之用為宗旨。

第二條　本所直隸於中央政治會議上海臨時分會。

第三條　本所設所長一員，秉承中央政治會議上海
　　　　臨時分會辦理本所一切事宜。

第四條　所長辦公室秘書一員，書記、司書各一員。

第五條　本所分教務部、總務部，每部設主任一
　　　　員，由所長呈請中央政治會議上海臨時分
　　　　會委任之。

第六條　教務部主持本所教育管理等項事宜。

第七條　總務部主持本所庶務、會計及不屬於教務
　　　　部一切事宜。

第八條　本所教授由所長聘請之。

第九條　教務部除教授由所長聘請外，設管理六
　　　　員，書記、司書若干員，由所長委任，呈
　　　　報中央政治會議上海臨時分會備案。

第十條　總務部設庶務、會計各一員，事務員若干員，由所長委任，呈報中央政治會議上海臨時分會備案。

第十一條　本所暫定學生名額三百名，不分性別。

第十二條　本所學生除招考中等以上學生外，並函由上海各級黨部、各工會、各農民協會、各商民協會、各學生會、各婦女團體、各法團保送，由本所考試取錄之。

第十三條　本所訓練學生分青年、工農兩班，每班分三小組，每小組以學生五十人編成之。

第十四條　本所學生服裝、書籍、膳宿及一切雜費，概由本所供給。

第十五條　本所學生六星期畢業後，仍派回各級黨部、各學校、各工會、各農民協會、各商民協會、各婦女團體、各法團擔任黨務工作，其成績優良者由本所設高級訓練班深造之。

第十六條　本所開辦費及經常費由所長造具預算，呈請中央政治會議上海臨時分會核准，飭財政委員會發給之。

第十七條　本所暫以江灣上海大學為校址。

第十八條　本簡章自奉中央政治會議上海臨時分會核准後施行。

上海黨務養成所組織系統表

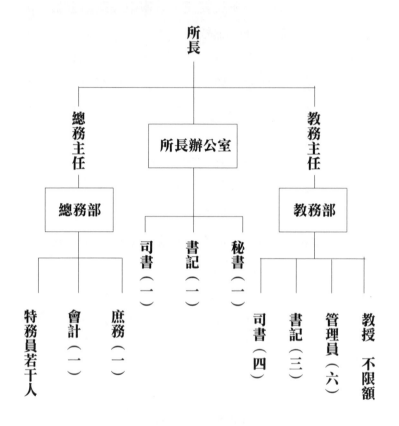

學生制服	三〇〇〇〇〇〇	
士兵制服	一四四〇〇〇	
教育用品	一〇〇〇〇〇〇	一切圖書儀器娛樂器具均屬之
印刷用品	五〇〇〇〇〇	一切油印機件及油墨紙墨均屬之
文具	一五〇〇〇〇	一切辦公用具及學生文具均屬之
木器	一〇〇〇〇〇〇	一切必須添置之器具均屬之
雜費	四八〇〇〇〇	
合計	六六二四〇〇〇	

每月經常費預算表

第一項	薪餉與津貼		
一	所長薪俸	不支薪	
二	主任薪俸	四〇〇〇〇〇	主任兩員支薪如上列數，若係兼職每月津貼百元。
三	教員津貼	三〇〇〇〇〇	預算如上列數，必要時由所長隨時呈請增加。
四	學生津貼	六〇〇〇〇〇	每名二元，共支如上數。
五	士兵薪餉	三四〇〇〇〇	傳達勤務兵三十名共支三百元，傳達勤務長各一名共支四十元。
第二項	給養及文具雜具		
一	學生給養	二四〇〇〇〇	
二	教育用品	二〇〇〇〇〇	
三	學生文具	六〇〇〇〇	
四	雜支	一五〇〇〇〇	
五	活支	八〇〇〇〇	
合計		一一六四〇〇〇〇	

薪餉表

所長	不支薪
主任	二〇〇〇〇〇
教授	一二〇〇〇〇
管理員	一〇〇〇〇〇
秘書	一二〇〇〇〇
書記	八〇〇〇〇
司書	四〇〇〇〇
傳達勤務長	二〇〇〇〇
傳達勤務兵	一〇〇〇〇
合計	六九〇〇〇〇

（丁）處理事項

（一）上海特別市小學教師聯合會執行委員會函稱該會定於八日上午九時假青年普益社開臨時大會請照准並派員指導

擬：存。

第二十次會議

十六年五月十二日上午十時

在上海新西區

出　　席：潘公展　褚民誼　楊樹莊（李景曦代）
　　　　　陳其采（沈澤春代）　吳忠信　楊杏佛
　　　　　白崇禧（潘宜之代）　蔣尊簋　郭泰祺
主　　席：蔣尊簋
記　　錄：徐佩璜

（甲）報告事項

（一）上海租界臨時法院徐維震函復兩次奉令通緝傅宗
　　　耀已行知工部局催緝矣

存。

（二）江蘇兼上海財政委員會函復本會交辦同濟務本兩
　　　案應俟省政府教育廳及教育經費管理處成立後再
　　　由該會分別備文移交核請查照

分別答覆該兩校。

（三）江蘇兼上海財政委員會函復遵飭在本會特別費項
　　　下照撥上海宣傳委員會開辦費參仟元請轉知

轉知。

（四）淞滬警察廳政治部主任冷欣呈報受委日期及辦理
　　　情形請鑒核

登冊。

（乙）討論事項

（一）上寶兩縣閘北商民協會呈報該會籌備情形繕具簡
　　　章及臨時執委名單各一份請備案並指導

決議：先登冊，交上海市黨部商民部查覆再酌定准否。

（二）上海特別市黨部交辦南方大學學生王逸士函請撤
　　　銷上海清丈局長姚子讓案

決議：土豪劣紳案照本會佈告辦理，並飭該黨部轉告該
　　　生如情形確實可向法庭控訴，否則須反坐。

（三）上海特別市黨部交辦江永輪船被難家屬呈請撫恤案

決議：交清查招商局委員會核辦。

（四）英美煙廠工會函稱英人虐待工友前日無故開除
　　　二百餘人請據理力爭嚴予交涉

決議：交工會組織統一委員會查復。

（五）南市商民顧文華呈稱南市顧祥記包辦屠稅壟斷營
　　　私請勒令取銷派員接辦以除私弊而裕稅收附收條
　　　一紙

決議：交財政委員會核辦。

（六）淞滬商業維持會籌備處呈稱組織淞滬商業維持會
　　　擬具宣言簡章及發起人姓名職業請備案

決議：先登冊，交警廳查覆後再酌定准否。

（七）淞滬警察廳長吳忠信函請指示如何辦理關於該廳
　　　製辦服裝組織購置委員會

決議：由警廳自行組織購置委員會。

（八）江蘇印花稅上寶特區辦事處主任劉作柱副主任施

　　肇琦呈報就任日期請備案

決議：登冊審查。

（九）江蘇郵包稅徵收專局長沈應鏞呈報接收江海關代
　　　收郵包稅情形請備案

決議：登冊審查。

（十）淞滬市政工務協會呈報該會組織經過並繕具上海
　　　特別市工務局組織體制及草則各一份請予採擇附
　　　協會章程二份

決議：暫存，俟市政府成立後交市長及工務局採納。

（十一）黃鎮磐等函陳關於勞資仲裁條例意見請示知討
　　　　論該項條例開會日期准予列席陳述辦法

決議：業已參考意見，草就條例。

（十二）上海特別市黨部交辦上海閘北來安里房客聯合
　　　　會等呈請案四件附該黨部擬定上海房客減租運
　　　　動仲裁委員會條例一件

決議：照本會布告辦理，俟市政府成立後交議。

（十三）上海特別市黨部執行委員會函稱上海游民工廠
　　　　黑幕重重請促本會所派清查委員吳忠信等前往
　　　　澈查以清積弊而厚民生由

決議：交改組游民工廠委員會。

（十四）上海特別市黨部函交辦理關於房客聯合會事請
　　　　注意主持人物又稱南市房租公平者多請勿與不
　　　　公平者同樣辦理

決議：俟房租問題全部解決時提出，並轉知警廳。

（十五）上海特別市黨部組織部函稱七寶獨立區已由該
　　　　黨部劃歸上海管轄所有一切黨務自當負責管轄
　　　　請查照由

決議：存。

（十六）上海特別市臨時執行委員會函請撥給農民協會
　　　　經費貳千元

決議：通知該會已由本會轉知省黨部。

（十七）決議：以後凡關於黨務經費，均須轉知中央黨
　　　　部組織部核辦。

（十八）決議：以前上海特別市黨部改組時，提出預算
　　　　計洋壹萬陸千五百元，本會因當時黨務正須積
　　　　極進行，暫為核准，茲特呈報中央執行委員會
　　　　組織部請予復核。

（丙）審查事項

（一）上海解決勞資糾紛暫行條例及上海勞資調節條例
　　　臨時執行委員會組織大綱各一件

決議：修正通過，呈報中央核准。

上海解決勞資糾紛暫行條例草案

　　第一條　本條例專為解決上海區域內勞資糾紛而設，
　　　　　　凡工商業之雇主及勞働者必須絕對遵守。

　　第二條　工商業之勞資雙方發生糾紛，如不能自行
　　　　　　解決時，必須呈稱上海勞資調節條例臨時

執行委員會（簡稱勞資委員會），就有關
係之各方代表及勞資委員會特派員組織臨
時仲裁會裁決。在裁判期內不得勞資委員
會之許可，雙方均不得取直接行動（或工
人罷工，或商人封鎖廠店），如任何一方
不服裁決時，得向委員會上訴。

第三條　工商業之雇主及勞動者發生糾紛，經勞資
委員會裁決後，雙方簽訂條件必須從速切
實履行，否則由政府強制執行之。

第四條　商店工廠當勞動者罷工時，祗准東家自行
操作，不得雇用其他工人製造貨品及幫同
工作營業。但東家自行操作，每店以二人
為限，工廠以受理人負保管之責任為限。

第五條　勞動者罷工或勞動者間發生糾紛時，不得擅
自攜取或破壞商店或工廠貨品及一切器物。

第六條　勞動者罷工時，不得擅自封鎖商店工廠或
禁止東家本人工作。

第七條　工會及勞動者不得擅自拘捕工人商民或侵
害他人身體上之自由，但工會照會章取締
該本會會員之過失則不在此限。

第八條　凡勞動者要求加薪致罷工解決時，罷工期
內之工資照新定、舊定工資之平均數發
給。如經勞資委員會裁決罷工曲在雇主方
面，政府得令雇主照新定工資發給，但工

會方面不得藉口損失要求其他賠償或罰
金。工商業之雇主方面不得故意延長罷工
期間，勞動者方面不得故意破壞改善生產
之舉動。

第九條　雇主不得無故開除工人。如商店工廠歇業
時，應先一月通知勞動者，並須補給一個
月工資，如無故忽行歇業，須補給兩個月
之工資。但勞動者之保障依照工人保障法
辦理。

第十條　每年中應由政府規定一日，商店工廠得自
行決定營業繼續或停歇，並得更換夥伴。
此外非勞動者有過失不得無故開除，但有
特別契約者不在此限。

第十一條　當工會或勞資間發生糾紛時，工商業雇主不
得賄買別廠工人或間雜流氓參加工作勞働，
亦不得勾引別廠工人或游民參加糾紛，如
被告發有據，雇主或勞働者俱應受政府嚴
重之處分。

第十二條　凡勞働者之團體須由勞働者自行組織，雇
主及非勞働者概不許加入。

第十三條　雇主不得陰謀另設勞働者團體，以破壞該
業原有之組織及統一。

第十四條　工會未經政府立案，祇許用籌備處名義，
不得徵收會費及開成立會，並不得有籌備

範圍以外之舉動，如違立行解散。

第十五條　雇主在本條例頒布以前與勞働者訂立之條件，經本會審查認為繼續有效時，不得藉口取消或變更之。

第十六條　工會不得以武力或其他強迫手段徵求會員及對付商店工廠。

第十七條　工會徵收會費及基本金，不得超過工會條例所規定之數目，亦不得藉故抽收商店或工廠買賣貨物之佣金捐稅。

第十八條　工人巡行不得攜帶武器，違者軍警得隨時解散沒收之。如有聚眾械鬥，不服軍警制止者，政府隨時逮捕懲辦之。

第十九條　本條例經上海臨時政治分會呈請中央政治會議核准公布施行。

上海勞資調節條例臨時執行委員會組織大綱草案

（一）定名：本會依據總司令公布上海勞資調節條例處理上海一切勞資糾紛，故定名曰上海勞資調節條例臨時委員會，簡稱上海勞資委員會。

（二）組織：本會以上海臨時政治分會所委任之委員九人組織之，其分配如下。

（甲）黨及政府代表三分之一

（乙）工商業雇主代表三分之一

（丙）工商業之勞働者代表三分之一

　　　本會設常務委員三人，由甲乙丙三項代表中各
　　　推一人任之。

（三）任務：本會之任務如左。

　　（甲）遇勞資雙方發生糾紛時，本會依據上海
　　　　勞資調節條例辦理之。

　　（乙）凡經本會仲裁之事件，有不遵守者得強
　　　　制執行之。

（四）仲裁本區域內勞資雙方發生糾紛如不能自行解
　　　決時，應呈請本會調處或仲裁，得各派代表一
　　　人至二人來會陳述理由，開會時並得列席發表
　　　意見，但無表決權。

（五）會議：本會會議由委員互推一人為主席，以三
　　　分二委員之出席為法定人數。

（六）會期：本會會期如左。

　　（甲）常會每星期一次。

　　（乙）臨時會如有緊要事項發生時，由常務委
　　　　員隨時召集之。

（七）雇員：本會雇員如左。

　　（甲）秘書長一人

　　（乙）書記二人

　　（丙）調查員若干人

　　（丁）庶務兼會計二人

　　以上雇員由本會委任之。

（八）經費：本會經費呈報上海臨時政治分會核定，

由上海財政委員會支給。

（九）本大綱經上海臨時政治分會呈請中央政治會議
核准公布施行。

第二十一次會議

十六年五月十三日上午十時

在上海新西區

出　席　委　員：吳忠信　褚民誼　楊樹莊（李景曦代）

　　　　　　　　陳其采（沈澤春代）　潘公展

　　　　　　　　白崇禧（潘宜之代）　楊杏佛　郭泰祺

臨時代理主席：褚民誼

記　　　　錄：徐佩璜

（甲）報告事項

（一）上海南站鐵路稅務分局長吳蔭棠呈報奉委到任日
　　　期及辦理稅收情形請備案

登記審查。

（二）上海菸酒公賣局長趙志戎呈報到任日期及辦理情
　　　形請備案

登記審查。

（三）江蘇滬寧杭鐵路稅務總局長王荇琯呈報到差日期
　　　並接辦情形請備案

登記審查。

（四）中央宣傳委員會真電復准加委郭林謝余四同志為
　　　委員共同指導

通知四同志及宣傳委員會。

（五）淞滬徵牧魚稅局長呈報奉委到差日期並經辦情形
　　　請備案附履歷一份

登記審查。

（六）上寶沙田分局長曹謙呈報受委日期及繼續清理情
　　　形請查核

登記審查。

（七）上寶捲菸特稅局長張夢奎呈報受委日期及辦理情
　　　形請查核

登記審查。

（八）淞滬衛生局長劉緒梓呈報奉委日期及辦理情形請
　　　鑒核

登記審查。

（九）江蘇省政務委員會真電稱冬電悉茲經本會第五次
　　　政務會議決議加委盧興原為上海臨時法院院長除
　　　另發委狀外相應復請查照由

函知盧興原。

（十）江蘇省黨部特別委員會常務委員李志雲等函報該
　　　會業經正式成立嗣後關於江蘇黨務案件請移歸該
　　　會辦理以明統系由

函復照辦。

（十一）江蘇交涉公署函復稱本會交辦奚亞夫函請向工
　　　　部局交涉該局在北四川路等處新建房屋擅訂門
　　　　牌徵收捐款一案前據奚亞夫律師函請交涉到署
　　　　已函警廳飭區查辦在案俟復到再提交涉請查照由

（十二）郭委員泰祺臨時報告代表本會接見日本社會民
　　　　眾黨中央委員松崗駒吉君談話情形松岡氏謂此

次奉日本社會民眾黨之委託來華一方面對於中
國國民黨三民主義之發展與國民革命之迅速進
步表示誠懇慶賀之意且引為世界社會民眾運動
之幸一方面對於國民政府當局及中國革命民眾
接洽聯絡以準備東亞社會民眾團體之大聯合郭
答中國之民黨對於松岡氏所述之來意當然深為
感激與贊成日本政府與人民年來對於中國國民
革命頗能表示同情近今日本有社會民眾黨之產
生必更能增進中日二國國民間之好感與合作所
以深望該黨之勢力能日益鞏固與發揚非特國民
黨之願實東亞和平之幸也云云

（十三）傅文豹所呈虞和德延緩五卅恤款事已由沈澤春
　　　　同志函復

決議：不理。

（乙）討論事項

（一）黨員郁警宇呈稱將當作押請分別查封以利民生

決議：交警廳核辦。

（二）王伯羣函陳上海教育委員並介紹歐元懷同志以自
　　　代請鑒核

決議：准委歐元懷以代王伯羣。

（三）沈家行村農民協會函稱目前所呈各節請迅示辦法

決議：交東路軍前敵總指揮部政治部速辦。

（四）上海絲廠協會王孝賚等呈稱該會組織就緒業於五月

　　一日成立繕具簡章及委員名單各一紙請鑒核備案

決議：保留，已呈請中央頒布條例，俟頒發後再行核辦。

（五）上海各路商界總聯合會函稱本會組織勞資仲裁委
　　　員會深愜眾望可否允准該會參與共策進行請示遵

決議：草案已呈請中央核准，來函準備參考。

（六）上寶房客聯合總會統一組織委員會呈稱減輕市民
　　　房租負擔解除市民因房屋痛苦飭警廳收回依照去
　　　年六月份為標準付租之成命並稱該會受市黨部指
　　　導監督決不致有引起糾紛之慮請准予備案

決議：存（關於房租問題，警廳所定條例係治標辦法，
　　　本會所布告之治本辦法，俟市政府成立後妥為
　　　制定）。

（七）通惠小學校校務維持委員會執行委員薛英等呈報該
　　　校校長湯國勳辭職由校務委員會接收校務及改革
　　　實施情形附呈章程一份請予鑒核並請派員指導由

決議：交教育委員會。

（八）決議：致函上海電機絲織廠同業公會，在中央未
　　　頒布商會法及勞資調節條等以前，對於勞資問題
　　　請勿擅訂條例登報，以亂聽聞。

（九）電請中央政治會議迅速頒佈工會、商民協會、農民
　　　協會、教育協會等條例及商會法等，俾資遵循。

（十）中國國民黨上海黨務人員養成所所長潘宜之呈請
　　　將法租界金神父路徐逆季龍所辦之法政大學校舍
　　　暫行假作該所為籌備處及開課之用

決議：照准。

（十一）吳忠信潘公展李景曦楊杏佛褚民誼提議由本會
　　　　指定上海醫生數人組織衛生委員會

決議：通過。

（十二）決議：派謝應端、牛惠霖、周君常、葉漢臣、
　　　　吳谷宜、樂文照、徐乃禮、鍾淑貞、許文韶、
　　　　朱企洛、余雲岫、郭崎元、劉之綱、宋梧生、
　　　　褚民誼為上海衛生委員會委員。

第二十二次會議

十六年五月十四日上午十時

出 席 委 員：蔣尊簋　褚民誼　吳忠信　潘公展

　　　　　　　陳其采（沈澤春代）

　　　　　　　楊樹莊（李景曦代）

　　　　　　　白崇禧（潘宜之代）　郭泰祺　楊杏佛

主　　　　席：蔣尊簋

記　　　　錄：徐佩璜

（甲）報告事項

（一）上海義袋角鐵路稅務局長虞夢韶呈報到差日期暨
　　　稅收停頓情形請予鑒核由

登冊審查。

（二）上海內地稅局長虞愚呈報受任日期及辦理情形請
　　　予鑒核由

登冊審查。

（三）中央政治會議元電開本會議九十三次議決准林煥
　　　廷辭上海臨時分會委員職加派張性白為委員請查
　　　照並煩分別轉知由

（四）上海教育委員會五月十二日常務委員第四次會議
　　　報告議決事項如下

　　　一、市黨部來函質問本會組織大綱案議決本會組
　　　　　織大綱係政治分會修正議決來函轉請政治分
　　　　　會核辦

一、承天中學案

　　議決本會第三次大會議決所有關於私立學校
　　請求接辦問題在公立學校經費未有辦法以前
　　應暫緩議承天中學係私立學校倘竟無力維持
　　只可聽其停辦

一、法政大學案

　　議決該校已改辦黨務人員養成所無庸備案

一、解決學潮委員會案

　　議決事關本會職權未便自行決定應請政治分
　　會議定辦法通知本會以便遵守

一、南洋大學案

　　議決南洋大學為國立大學其所擬籌款辦法應
　　由本會呈請中央教育行政委員會與財政委員
　　會會同核辦

一、交通部電報傳習所案

　　議決所請將該所暫行停頓另圖改組應即照准

一、議決建議於大會加派王雪艇周鯁生二先生為
　　常務委員

一、議決總務組推定三人（楊杏佛周鯁生王雪艇）
　　主持文牘事務

一、中等學校教職員會案

　　議決中央新教育計畫未定以前暫緩備案

一、小學教員聯合會案

　　議決同前案

　　一、東南醫科大學案

　　　　議決應向國民政府教育行政委員會請求立案

　　一、江蘇公立商專案

　　　　議決既據並呈江蘇教育廳應候江蘇教育廳
　　　　核辦

（五）郭委員泰祺轉來駐美使館函稱美國上下二院重要
　　　議員八人不久先後攜眷前來我國遊歷開具名單請
　　　優予照料妥為保護由

（六）錢永銘呈報遵令接收上海總商會情形請予備案由

（乙）討論事項

一、上海縣長邵樹華呈復遵查上海江灣模範游民工廠辦
　　理情形並稱現該兩廠已由本會派員接收清查似無庸
　　再將該二廠收支逐次查核請鑒核附原呈一件

決議：交清查接收游民工廠委員。

二、上海教育委員會函復交辦上海法政大學同學會等呈
　　請改組國立案一件又上海特別市黨部介紹高祖蔭等
　　接洽函一件均經該會議決事關改組大學應由本會主
　　辦請察核附原件二件

決議：與第九案併案處理。

三、上海教育委員會函稱據上海大學全體教職員函稱該
　　校校舍為東前政治部派軍士封鎖請設法撤退恢復原
　　狀又該校學生方超驥等呈稱清黨運動殃及全校黌舍
　　請迅予啟封各等因經該會議決請本會轉咨政治部如

　　該校跨黨份子業已肅清請剋日啟封並請決定辦法由

決議：與第九案併案處理。

四、上海牌業公會呈稱遵令備案並奉上白松牌樣二方請
　　予化驗嚴查市售由

決議：交警廳查復。

五、招商局輪船理貨職公會呈報該會於四月一日成立繕
　　具組織表及章程宣言各一份請准予備案由

決議：登冊，並交工會組織統一委員會查復。

六、上海華商電氣工會函稱該會業由市黨部工農部派員
　　指導正式成立請予備案由

決議：登冊，並交工會組織統一委員會查復。

七、上海總商會臨時委員會常務委員馮少山等呈報由本
　　會特派員召集該會會員大會推舉臨時委員辦理接收
　　會務情形請查核備案由

決議：呈悉，准予備案。

八、江蘇印花稅上寶特區辦事處主任劉作柱呈報受委及
　　成立日期並稱租界華洋雜處界內華商尚鮮遵貼印花
　　應如何辦理以裕稅源請示遵由

決議：登冊審查並轉知財政委員會。

九、潘同志宜之函稱前因清黨關係曾將共黨所舉辦之上
　　海大學及法政大學查封現聞共產份子之學生數百人
　　已先後赴漢該二校留滬學生多係青年響學之士自不
　　應聽其失學為社會所譏評故特建議請將該二校合併
　　改組為上海中山大學其原有經費若有不足希轉知財

委會酌撥並飭教委會於日內派員負責維持以示本黨
愛護人才之至意由

決議：上海法政大學及上海大學二校現有學生合併在上
　　　海大學，責成上海教育委員會派員暫行維持，一
　　　面責成該會計畫籌備上海中山大學事宜並整個的
　　　具體辦法速呈，候本會核議。

十、上海特別市黨部秘書處函交該黨部第三次執行委員
　　會議議決本會侵及該黨部黨權案一件請查照辦理由

決議：由本會全體常務委員及市黨部之四部（農工部、
　　　商民部、青年部、婦女部）、警察廳、宣傳委員
　　　會、財政委員會、公教育委員會、衛生委員會、
　　　工會組織統一委員會各派一人，為本會團體立案
　　　審查委員，組織審查委員會。關於備案事宜，由
　　　該委員會審查後，報告本會核准公布。

十一、省立第二師範教職員主席朱楚善元代電稱該校舍
　　　監兼數學教員沈廷玉平日潔己奉公頃忽被東路軍
　　　前敵總指揮部政治部拘搜聞係被畢業生挾舊日教
　　　誨之嫌控其頑舊所致請轉請陳主任原情省釋或交
　　　保候審

決議：交東路軍前敵總指揮部政治部核辦。

第二十三次會議

十六年五月十五日上午十時

在上海新西區

出　席　委　員：孟心史　楊樹莊（李景曦代）　吳忠信
　　　　　　　　蔣尊簋　白崇禧（潘宜之代）　潘公展
　　　　　　　　郭泰祺

主　　　　席：蔣尊簋

記　　　　錄：徐佩璜

（甲）報告事項

一、國民政府秘書處文電稱奉中央政治會議議決外交部長
　　胡漢民呈請辭職胡漢民准免本職代理外交部長陳友
　　仁著毋庸代理特任伍朝樞為外交部長古應芬為代理
　　財政部長除分令外特電達

二、江蘇兼上海財政委員會函復久大精鹽公司上海經理
　　處呈請取銷精鹽特稅案查與原案不符已由該會議決
　　批斥飭遵矣請查照由

存。

三、中央政治會議函復懲治土豪劣紳條例已由中央法制
　　委員會起草不日頒佈矣請查照由

存。

四、上海縣長邵樹華呈報遵飭籌撥上海地方檢察廳四月
　　份經費貳千五百元江蘇第二監獄經費參千七百七十
　　元併請鑒核由

通知檢察廳及第二監獄長。

五、江蘇全省紙箔稅徵收總局長謝棨渙呈報受委日期及
　　辦理情形請鑒核備案由

登冊審查。

六、上海縣實業局兼上海官契總發行所主任張啟沃呈報
　　奉委日期暨辦理情形請予備案由

登冊審查。

七、上海第三區戶籍員潘光燾呈報受委日期及辦理經過
　　情形請示遵由

登冊審查。

八、江蘇全省捲煙特稅上海查驗所長鈕恭簡駐滬發單處
　　主任胡庭樑呈報受委日期及辦理情形請予備案由

登冊審查。

九、淞滬徵收魚稅局長袁藩呈報奉委到差日期並經辦情
　　形請鑒核示遵由（附履歷一扣）

登冊審查。

十、江蘇銀行監理王心貫呈報受委到差日期請予備案由

登冊審查。

十一、第二師範教職員會主席朱楚善寒代電稱該校沈舍
　　　監已由該具呈人等具保於寒日下午四時釋出由

十二、中央政治會議寒電稱分會每次會議關於重要議案
　　　例應電告中央請照辦由

十三、中央政治會議寒電稱所詢本會印信一節已悉查中
　　　央印鑄局尚未成立廣州浙江二分會皆自製呈報本

會似可依照辦理特電復由

十四、林煥廷函稱日間因公赴寧所有經手帳目款項已托
本股秘書林仲川同志負責交代請查核由

（乙）討論事項

一、江一平律師代表關守仁呈稱該具呈人前辦中南實
業債券按月遵章向官廳納稅所有四月份營業稅
六千六百六十六元附稅一千元業已三月三十一日預
繳本會委員陳其采簽收在案自無違法之嫌現為陳主
任拘留眠食難安擬請准予由上海寶華公司李元信具
保出外靜候傳訊由（附收據攝影一紙）

決議：交財政委員會查覆。

二、上海染織業商民協會籌備處呈稱據情轉請設法保護
布廠夥友並公推代表於十六日下午二時來會面呈種
種困難情形請鑒核由

決議：轉東路軍前敵總指揮部政治部。

三、上海綢緞業職員公會呈報該會依法組織附呈章程名
單各一份請准予備案由

決議：登冊審查並轉知特別市黨部商民部。

四、上海南市大通航業輪埠公司職工聯合會呈報組織經
過情形附呈章程一冊請予備案由

決議：登冊審查並通知特別市黨部。

五、奉賢縣商民張伯英呈稱奉賢縣第二區分部王守初等
假黨濟私自由捕人請派員審查並飭奉賢縣依法懲處由

決議：交東路軍前敵總指揮部政治部。

六、曹素功敦記筆墨莊等各店鋪呈報工人吳月中等侮辱
　　店東種種橫暴請設法取締免蹈前此共產覆轍

決議：交工會組織統一委員會。

七、上海法政大學學生會呈報推定張知本等五人為該校
　　校務委員處理一切校務請准予加委以明職權由

決議：交黨務人員養成所所長及教育委員會。

八、金山縣公民俞榮生等真代電稱該縣縣長焦忠祖勾結
　　劣董瀆職殃民臚陳事實請予澈究並請迅予撤焦另委
　　以蘇民困由

決議：轉江蘇省務委員。

九、上海縣長邵樹華呈復遵查蒲松市鄉董顧孝清該縣實
　　業局長張啟沃有無劣迹情形未據指證事實無從查辦
　　並稱自到任後對於各市鄉董有無劣迹正在考查果有
　　不法定予嚴辦請查核由

決議：存。

十、上海襪廠工會聯合會呈報該會組織經過繕具會章及
　　職員名單各一紙請准予備案由

決議：登冊審查並轉知工會組織統一委員會。

十一、上海中醫公會呈報該會組織宗旨及經過情形繕具簡
　　　章委員名單各一紙請准予照舊備案

決議：登冊審查並轉知衛生委員會。

十二、秦志康等呈稱當商窟宅租界重利病民附呈當票等件
　　　五紙請嚴重交涉根本解決

決議：交警廳併案核辦。

十三、東南大學保管校產委員會盧錫榮函陳該校經濟狀況
　　　請函商財政處將該校每月經費悉數保存並稱該校
　　　自駐軍以來損失甚鉅應予特別注意又該校原有保
　　　管人員原薪校工工食及其他雜費並請函財政處於
　　　該校經費項下先撥數千元以資維持由

決議：轉中央教育行政委員會。

十四、浦東划船工會呈報改組經過附宣言簡章名單請鑒核
　　　並轉浦東各管區保護由

決議：登冊審查並函知警廳。

十五、補助教育經費委員會呈報組織緣由及委員名單請
　　　准予備案由

決議：登冊審查並函知教育委員會。

十六、曹炳麟呈報於二月九日運米一百石接濟崇明圩工
　　　呈請江海關蓋戳驗訖於三月三十日運過吳淞分關
　　　被該關違法充公請迅飭江海關監督查明釋放以救
　　　飢工由

決議：交江海關監督查復。

十七、常熟民眾金祖堯等呈稱常海稅所自前所長陶達潛
　　　逃後稅款多為會計徐省三吞沒中飽該所人員多係
　　　孫逆部下所薦營私舞弊收受陋規又現任會計諶先
　　　告串同徐省三尅扣開支侵吞公款請一併嚴究由

決議：轉財政委員會。

十八、閘北一段救火會義務會員朱淵如呈稱閘北救火聯

合會長徐乾麟溺職舞弊把持會務附呈八件請派員
澈究由

決議：交淞滬警察廳。

十九、沈同志澤春函告代表本會出席陳英士先生殉難
十一周紀念大會籌備會經過情形並稱當場各機關
團體均分別認捐本會似未便延緩因擅自認捐洋貳
百元請照察由

決議：照送。

二十、決議：關於懲治彩券公司經理辦法，請東前政治
部擬具呈送核辦。

二十一、決議：由常務委員照案定期召集備案審查委員
會，各委員將各種辦案文件從速審查辦理。

二十二、郭委員泰祺轉來領袖領事致交涉員函一件略稱
公共租界總董函稱對於閘北現在衛生情形甚形
不滿夏令將近蚊蠅叢生飲料將被染傳租界亦可
同受其害為特嚴重抗議請迅速設法補救以重衛
生由

決議：交警廳及衛生委員會。

二十三、決議：通過中央政治會議上海臨時分會會議規
則及辦事規程各一件（附秘書處組織系統表）。

上海臨時政治委員會條例

十六年二月二十六日中央執行委員會第六十四次政治會議通過

第一條　上海臨時政治委員會（以下簡稱本會）由中央黨部政治會議議決組織之。

第二條　本會承中央黨部政治會議之命令，得以會議方式決定上海市一切軍事、政治、財政之權，全市軍事、政治、財政各機關須受本會決議處理一切軍事財政政務。

第三條　本會設主席一人，委員十二人，於必要時須添設委員。

第四條　本會主席由中央黨部政治會議主席兼任之，主席因事缺席得指定委員中一人代理之，本會委員由中央黨部政治會議指定之。

第五條　本會須將開會情形及議決案隨時呈報中央政治會議及國民革命軍總司令，如有特別重大問題，須經中央黨部政治會議核准施行。

第六條　本會辦事細則由本會會議另行制定之。

第七條　本條例經二月二十六日第六十四次政治會議議決通過頒布施行。

中國國民黨中央政治會議上海臨時分會會議規則

（一）本會定名為中國國民黨中央政治會議上海臨時

分會（原名上海臨時政治委員會）。

（二）中央第六十四次政治會議決議通過之上海臨時
政治委員會條例，本會皆得繼續適用之。

（三）本會會議以本會在滬委員過半數之出席為法定
人數，以出席委員過半數之同意議決事件。

（四）本會會時以中央政治會議主席或指定之代理主
席為主席，主席或代理主席缺席時由委員臨
時推定之。

（五）委員缺席須先期函本會秘書處陳述理由，非經
本會認可不得自由委託代表。

（六）本會以每星期一、三、五三日上午十時為開常
會時期，如遇緊要事件發生，經主席或常務委
員議決，由秘書處通知召集之。

（七）本會會議時之議案以上海市一切軍事政事財政
事項為限，其類別如左。

　　甲、由中央政治會議國民政府國民革命軍總司
　　　　令交議之事件

　　乙、由本會委員提議之事件

　　丙、由各機關或人民呈請核議之事件

（八）本會會議時之議題於先一日由秘書處製定議事日
程分送各委員，如有臨時動議，由主席支配之。

（九）本會議之議事錄及議決案須經主席簽字。

（十）本會得設置各項專門委員會及臨時指定審查委
員（專門委員會委員不以本會委員為限）。

（十一）本會應行公布之決議案及文件由常務委員決定之。

（十二）本會會議時無旁聽，但於必要時得約議案關係人出席報告。

（十三）本會決議事項其處理方法如左。

　　　　甲、由本會自行處理

　　　　乙、交各主管機關處理

　　　　丙、另組專門委員會處理

（十四）本會每週編印會議錄呈報中央及分送各委員，如有重要議案時隨時呈報中央。

（十五）本會議規則由本會議決通過後施行，但隨時得以全體委員過半數之決議修正之。

中國國民黨中央政治會議上海臨時分會辦事規程

（一）本會委員俸給月支參百元，兼任其他有給公職者不支月俸，給夫馬費洋壹百元，其他職員薪水另訂之。

（二）本會經常費之預算決算須經本會議決通過。

（三）本會推定常務委員五人其任務如左。

　　　　（一）常務委員分任文牘、會計、交際等日常事務，指揮秘書處處理之。

　　　　（二）常務委員輪流值日，辦公時間為每日下午二時至四時。

　　　　（三）常務委員閱核副文，普通事時隨時批交

　　　　　辦理錄由報告本會，重要事件列入本會
　　　　　議事日程討論辦理。

　　（四）常務委員核定本會文稿交秘書處繕發。
　　　　　常務委員請假時得委託委員中一人代
　　　　　理之。

（四）本會設秘書處其組織及職務如左。

　　（一）秘書處設秘書長一人、秘書三人、科主
　　　　　任若干人，經常務委員提出由本會決議
　　　　　委任之。

　　（二）秘書處設書記、錄事、速記若干人，由
　　　　　常務委員決議委任之。

　　（三）秘書處之辦公時間尋常為每日上午九時
　　　　　至下午五時，遇必要時得延長之，星期
　　　　　日停止辦公。

　　（四）秘書處職員非經本會特予核准，不得兼
　　　　　任他職。

　　（五）秘書處職員對於本會之文件及決議案，
　　　　　除會議決定發表者外概守秘密。

　　（六）秘書處辦事細則由常務委員另定之。

（五）本會所設置之各項專門委員會其辦事規則另
　　　定之但須經本委員會之核准

（六）此項辦事規程得有本會決議修改之

本所組織系統表

秘書處組織系統圖

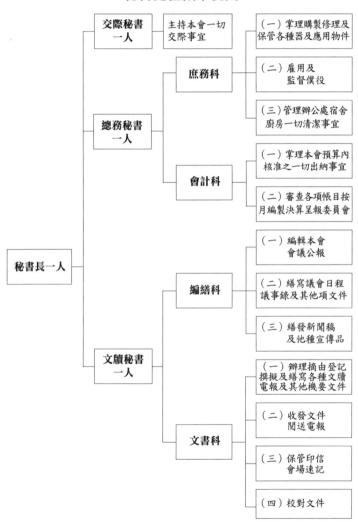

（一）本處設秘書長一人主持一切，又文牘秘書、
　　　總務秘書、交際秘書各一人輔助之，文牘秘
　　　書由秘書長兼任之。

（一）總務秘書下分設會計、庶務二科，文牘秘書
　　　下分設文書、編繕二科。

（一）各科各設主任一人，受秘書之指揮督飭，辦
　　　理各該科指定事件。但於必要時各科人員須
　　　互相助理。

錄中央執行委員會致市黨部訓令（見各報）五月十日

上海臨時政治委員會之組織，前經南昌中央政治會議議
決，業已正式成立。曾誌昨報，茲覓得當時中央執行委
員會致上海特別市黨部訓令一件，補錄於下。

中國國民黨中央執行委員會訓令。上海特別市黨部云為
訓令事案，據政治會議秘書處函開逕啟者案據國民政府
秘書處轉上海特別市黨部呈開上海為中外人民生民財產
集中之地，亦即帝國主義者在遠東最後根據地，若上海
一隅處理不當，則將牽動大局。故我軍隊勢力到滬後之
種種對外、對內方略似宜預為計劃，以免臨時步驟錯亂。
故特呈請迅速指示具體方略，庶幾職部方可按照辦理。
再在軍隊勢力未到以前，職部應籌備各種方法，如組織
勞資問題委員會及外交委員會等，非有大宗款項不能措
置裕如，請預備五六萬元，如一時需款，即請趕速電匯
等因。當經本會第六十次會議議決，指定委員三人研究

具體辦法再行核辦在案，嗣由三委員起草中央對滬方略，又提議組織一處理上海事件之委員會，復經第六十二次政治會議決議通過中央對滬方略，並派定委員，同時又議決三項用中央黨部名義訓令上海特別市黨部，除將議決案另紙黏附外，相應將案情撮要奉達，請提出中央常務會議通過，並煩照案訓令上海特別市黨部為何計。黏附議決案內開用中央黨部名義訓令上特別市黨部計下列三條（一）中央已組織上海臨時政治委員會（二）中央對滬方略已交與上海臨時政治委員會，上海特別市黨部受該委員會指導（三）中央預備款項交臨時政治委員會，上海特別市黨部如有需要可請該會核發等由。當經本會第八十一次常務會議提出討論，決議照原案通過。惟第三條原文中央預備款項交上海臨時政治委員會下須加「收管」二字在案。為此合行令仰該黨部即便照案辦理，此令。

中華民國十六年二月十四日

（丙）處理事項

（一）路友于同志追悼會籌備會函稱該會第一次會議議決請本會加入並稱定本月十六日上午十時在市黨部三樓開第二次籌備會議請派代表列席共同進行由

第二十四次會議

十六年五月十八日上午十時

在上海新西區

主席恭讀總理遺囑，全體肅立。

出　席　委　員：褚民誼　蔣尊篑　潘公展　孟心史

張性白　陳其采（沈澤春代）　楊杏佛

白崇禧（潘宜之代）　郭泰祺

主　　　　席：蔣尊篑

記　　　　錄：徐佩璜

（甲）報告事項

（一）上海市鐘表職工會第一分會呈稱該會已由工會統
一委員會領到調查完畢證及登記證請予備案由

登冊審查。

（二）上海新新職工會呈稱該會依法組織成立請予備案由

登冊審查。

（三）上海市碼頭工會第二分會呈報組織經過情形附呈
章程草案各一份請准予備案由

登冊審查。

（四）上海市公所職工會呈稱該會業已於四月一日組織
成立附呈張呈一份請予備案由

登冊審查。

（五）華商益中拍賣行有限公司發起人沈田萃等呈報組
織該公司緣起附具章程一份請予註冊由

登冊審查。

（六）上海縣長邵樹華等呈報受委日期暨辦理行政各事項錄摺附呈請予鑒核由

登冊審查。

（七）上海緒綸綢緞業職工會呈報組織該會之經過情形請予備案由

登冊審查。

（八）南洋烟草總公司發行所職工會函報該會組織成立請准予登記由

登冊審查。

（九）上海醬業職工會呈報該會會員已有四千餘人請予備案由

登冊審查。

（十）紹興七縣旅滬同鄉會會長田祈原王孝賚呈報該會所辦之事務所附章程一份請准予備案由

登冊審查。

（十一）絲邊聯合工會函陳登記表一紙請予登記由

登冊審查。

（十二）松江運副王鶴齋呈報受委日期及辦理經過並收回徵稅主權情形請鑒核備案由

登冊審查。

（十三）上海利民火柴工會呈報該工會業於五月五日正式成立請予備案由

登冊審查。

（十四）上海縣保衛團第二團呈報組織經過情形請予補
　　　　行備案由

登冊審查。

（十五）上海洋式銅器工會函陳登記表一紙請准予登記由

登冊審查。

（十六）中國機器印花廠職工會函報該會組織就緒請予
　　　　登記由

登冊審查。

（十七）浦東區第一段救火會呈報設立該會之緣起請予
　　　　備案由

登冊審查。

（十八）蘇州黨務整理委員兼工會指導員陶鳳威呈報奉
　　　　委日期及開始辦公請鑒核施行由

登冊審查。

（十九）清理上寶官產事務所呈報受委日期及辦理情形
　　　　請鑒核由

登冊審查。

（二十）上海貨物稅務公所呈報奉委日期暨辦理情形請
　　　　察核由

登冊審查。

（二十一）上海紗稅局淞滬豬稅局朱豪呈報受委日期並
　　　　　目前辦理情形請察核由

登冊審查。

（二十二）江蘇上海煤油捐局局長朱豪呈報受委日期並

目前辦理情形請察核由

登冊審查。

（二十三）財政委員會函復黨務人員養成所籌備經費
一千元當竭力籌撥請查照由

函知潘所長。

（二十四）中央政治會議秘書處函復上海特別市暫行條
例業經中央就原派起草委員及本會所起草之
條例草案參酌制定八十九次會議通過茲請政
府公布矣

存。

（二十五）閔行稅務所長沙臨淵呈報受委日期及辦理情
形請鑒核備案由

登冊審查。

（二十六）上海市區保衛團團長朱少沂等呈報該團改組
經過情形附呈簡章及委員名單各一份請予備
案由

登冊審查。

（二十七）中國三民主義青年團函報該團性質人數負責人
姓名通訊處及簡章志願書各二份請予備案由

登冊審查。

（二十八）上海市參業職工會第一工會呈報該會改組經
過請予備案由章程未來

登冊審查。

（二十九）閔行職工聯合會等六團體刪代電稱閔行鄉地

方臨時執行委員會已由上海縣公署於鹽日遵
飭領到圖記一方從此鄉政有賴具見本會尊重
民意除擁護該委員會並促即日視事外特聞

存並函知上海縣公署。

（三十）江蘇建設廳長葉楚傖函報奉國民政府任命為江
蘇建設廳廳長遵於五月二日宣誓就職請查照由

存。

（三十一）上海縣縣長邵樹華呈復遵查所屬各鄉尚無搗
亂份子活動秩序已漸安寧矣請鑒核由

存。

（三十二）工會組織統一委員會遵令呈報接收上海總工
會情形及現在辦理狀況暨肅清反動份子辦法
請予察核由

原文印發各委員然後存查。

（三十三）上海市內各地方機關調查委員會呈報該會十
次會議詳情請察核由

原文印發各委員然後存查。

（三十四）上海市內各地方機關調查委員會呈報市政調
查表三十份請核辦由

待他項調查表彙齊後，排印分送各委員審查。

（三十五）上海鐵路轉運工會呈報組織經過情形附呈委員
表一份請准予登記由

登冊審查。

（乙）討論事項

（一）上海牌業工會呈請禁銷外來白松雀牌原料以免危害由附白松牌樣二枚

決議：交警廳與呈併案辦理。

（二）常熟縣農會長殷振亞呈稱縣市鄉農會之存廢或改組應否在中央未有劃一規程訂定公布以前一律維持現狀繼查有效請示遵由

決議：轉江蘇省黨部。

（三）淞滬警察廳函復交查寶山縣江灣區教育協會常委刁慶恩呈一件稱東南大學商科購地時原為建築校舍之用故得援例免稅今既轉賣私人自應照例繳納為是請查照由

決議：照復該案人。

（四）上海喪業公所呈稱上海喪業職工會佔據該公所會所強迫夥友入會釀成夥友逃避商家停業情事請迅予明示工人商民入會權限並飭上海工會組織統一委員會誥誡所屬勿得有強暴壓迫勒令入會之舉以免爭執由

決議：原呈轉工會組織統一委員會，並飭該會誥誡所屬不得用武力勒令工友入會。

（五）東路軍前敵總指揮部政治部陳主任曇函轉上海商會等為傅筱庵辯護電一件請查該辦理由

決議：不理（復東前總指揮部陳主任，本會已駁復在案矣）。

（六）東路軍前敵總指揮部政治部陳主任臺函送川沙縣
長葛芝岩呈請發給運米護照二十張以濟民食各節
該部未便擅理請查照辦理由附原呈一件

決議：轉江蘇省務委員會。

（七）上海特別市黨部秘書處函稱本月十九日上午十時
該黨部邀請駐滬各軍政治等機關在該黨部三樓商
議各報廣告減費事宜請派代表出席討論由

決議：派徐秘書出席。

（八）南潯商業絲典錢業各公會刪電稱申湖蘇杭嘉興各
輪近日多供軍用商貨匯款均為阻梗現在養蠶時期
輪不通行非准於人民生計攸關即國家稅源影響亦
鉅請飭放數艘以利交通而維實業由

決議：函東路軍前敵總指揮部，並電請蔣總司令多放數
艘以利交通而維實業。

（九）上海縣長邵樹華呈復二件請予鑒核由

（一）北橋鄉農民代表郭宗經等控訴王興仁等恃
黨橫行一案

（二）諸翟市市民大會查明制止情形附原呈一件
函二件

決議：存。

（十）上海特別市四區六分部呈報該分部決定徵集本埠
各級黨部借五馬路商聯會為籌備處籌備追悼先烈
陳公英士十一周紀念事宜請予核准由

決議：復應與陳英士先生殉難十一周紀念會籌備會合併辦理。

（十一）五區浦江划船工會呈稱楊家渡船業工會純係資本四五百元至千數百元之大駁船業所組成與該工會三四十元至七八十元之划船業所組成性質不同現該工會會員有減無增請派員密查和平制止楊家渡船業工會由

決議：交工會組織統一委員會。

（十二）董祖蔭呈請廢除南北市水爐業四十八丈之行規由

決議：交警廳查復。

（十三）上海特別市黨部商民部函復本會交查上寶二縣閘北市商民協會呈請備案一件手續錯誤不符法令列陳四點請予查照並請迅令該會改正手續直接向該黨部商民部呈請備案以符系統由

決議：交備案委員會審查。

（十四）會計師公會童詩聞等呈稱會計師公會由北京偽政府核准尚守舊制未沐黨化難免有人把持請派員接收指導改組並先令停止該會十五日之會員會由

決議：著原具呈人開具該會原有職員名單及全體會員名單，以憑核奪。

（十五）特派江蘇交涉員郭泰祺呈稱北四川路一帶外人越界收捐考其癥結所在實係華界市政尚未完備界外居民借用租界水電所致若空言交涉縱令就

　　　　範恐不能澈底解決擬請令飭上海特別市迅籌根
　　　　本補救辦法由

決議：候交特別市市長。

（十六）五月革命運動紀念籌備委員會函稱該會議決五
　　　　月十八下午二時在南市公共體育場等處舉行陳
　　　　英士先生殉難十一周紀念會時請吳淞砲台及在
　　　　滬海陸軍同時發砲三響全部民眾聞砲聲之後一
　　　　律停止行動三分鐘以資紀念請函英法租界電氣
　　　　公司各電車同時亦暫停三分鐘以表同情由

決議：存。

（十七）上海各團體五月革命運動紀念籌備委員會函稱
　　　　該會等各機關團體籌備陳烈士英士殉難十一周
　　　　紀念大會已告就緒請准予立案由

決議：准予備案。

（十八）國立暨南學校校長姜琦呈稱經費竭蹶神經衰弱
　　　　請轉懇中央准予辭職另派能員由

決議：交教育委員會。

（十九）淞滬警察廳政治部主任冷欣呈請指撥該部經費
　　　　的款以利進行由

決議：交警察廳長核復。

（二十）上海特別市三區十八分部呈稱該分部定於本
　　　　月十九日下午二時開第三次黨員大會請派員
　　　　監查由

決議：轉特別市黨部。

（二十一）上海特別市臨時執行委員會函稱本會擬組之
　　　　　備案審查委員會不合黨紀請即日撤銷以一事
　　　　　權由

決議：登冊審查。

第二十五次會議

十六年五月二十日上午十時

在上海新西區

出 席 委 員：楊樹莊（李景曦代）　孟心史　吳忠信

張性白　潘公展　陳其采（沈澤春代）

郭泰祺

主　　　　席：孟心史

記　　　　錄：徐佩璜

（甲）報告事項

（一）上海絲光染織工聯會函抄該會成立大會情形請予
備案由

登冊審查。

（二）閘北救火聯合會呈報組織辦理情形暨修正章程請
鑒核備案由（附章程一份）

登冊審查。

（三）上海蒲淞區莊家涇保衛團全體團員呈報該團團長
離職職務無人主持業經王乃均等負責改組請核准
備案由

登冊審查。

（四）全國領港業總聯合會楊洪麟等呈報組織該會緣起
繕具章呈請予立案並稱謹照萬國公例擬具限制外
人充當我私水內港領港業務並請維持

登冊審查。

（五）上海碼頭磅秤工友聯合總會會長李雲龍等呈報該
　　　會組織緣起附呈章程一份請予備案給示保護

登冊審查。

（六）上海捷音工會呈報組織緣由檢同章程及委員名單
　　　請予備案由

登冊審查。

（七）漕河涇鄉保衛團團總楊心正呈報該團經過附呈章
　　　程一份現狀表一紙請予鑒核備案

登冊審查。

（八）上海油漆業內作職工會呈報該會依照工會條例組
　　　織成立附呈委員名單及章程各一份請鑒核備案由

登冊審查。

（九）上海醫藥聯合會會長李平書呈報經過情形附呈修
　　　正簡章一份請准予備案

登冊審查。

（十）上海碼頭工友聯合會委員長郝雲鵬呈報該會組織
　　　經過附呈會章細則各一份證章一枚請予備案

登冊審查。

（十一）上寶平民教育促進會函陳該會組織經過附送會
　　　　章名單本年進行計畫及實施黨化教育大綱各一
　　　　份請予備案並指導協助

登冊審查並交教育委員會。

（十二）上海腿業職工會籌備委員胡耀庭等函報該會組
　　　　織經過附呈章程一份請予備案

登冊審查。

（十三）江陰公所臨時常務委員卞海程呈報該會經過情
　　　　形請鑒核備案

登冊審查。

（十四）公共租界清潔總聯合會呈報組織緣起及籌備員
　　　　名單請鑒核備案

登冊審查。

（十五）上海市旅菜職工會第一分會呈稱該會係東亞旅
　　　　館全體同事所組成請予備案

登冊審查。

（十六）大通航業公司分局聯合會長陸癱呈報該會組織
　　　　緣由黏呈章程一紙請准予備案

登冊審查。

（十七）上海筆墨業商民協會籌備處函稱該會已由上海
　　　　特別市黨部商民部批准備案特將經過情形呈報
　　　　請予備案

登冊審查。

（十八）上海教育界同志會呈稱該會為實施黨化教育起
　　　　見集合同志組織成立黏附委員名單會章會員錄
　　　　各一紙請准予備案

登冊審查。

（十九）寶山縣第十區高橋鄉教育協會執行委員顧鴻祺
　　　　等呈報該會組織經過繕具章程及執行委員名單
　　　　各一冊請予備案

登冊審查。

（二十）上海九畝地商界聯合會呈報該會組織經過錄呈
　　　　概況請予備案

登冊審查。

（二十一）滬南東區房客聯合會籌備委員孫本昌等呈報組
　　　　　織該會緣起請鑒核備案（附簡章一份）

登冊審查。

（二十二）上海城北慈善會委員兼醫士葛福田等呈稱謹遵
　　　　　佈告附呈前屆備案摺一扣請予備案

登冊審查。

（二十三）上海餅乾糖果罐頭食品同業工公會呈稱該會成
　　　　　立行將兩仔載附呈概況書一份請鑒核備案

登冊審查。

（二十四）江蘇省黨部特別委員會函稱本會交辦松江縣何
　　　　　世傑呈一件呈悉現該會對於各縣黨部已擬有
　　　　　澈底辦法定於本月十六日派員分往各地從事
　　　　　改組矣請查照

存。

（二十五）上海戒嚴司令官白崇禧函稱本會第七次會議議
　　　　　決交辦上海商辦貨物水陸自衛團委員會呈請
　　　　　備案一件經飭警察廳查復該團組織宗旨純正
　　　　　自應准予備案除分令當地軍警一體保戶護外
　　　　　請轉飭知照

准予備案。

（二十六）徐秘書長報告代表出席參加會商各報館減價
事宜之經過情形如下。

到會團體、警察廳、政治部、海軍政治部、
市黨部等議決下項招待報界辦法。

（一）本星期晚七時在大東酒樓由中央宣傳
委員會東前政治部通告（二）經費由各機關
分攤（三）由市黨部接洽大東酒樓（四）廣
告徵費各報須一律以二五折付現但登載時須
憑各機關之圖章（五）主席中央宣委會報告
理由東前政治部招待各機關（六）未到會各
團體由市黨部接洽。

本會公推沈澤春同志代表出席。

（二十七）上海理船廳稽查職工會呈報組織經過繕具章
程一份請備案示遵

登冊審查。

（二十八）上海臨時法院院長盧興原呈報受委及到差日
期請察核

登冊。

（二十九）中央執行委員會函稱本會請撥上海特別市黨
部經費一案經議決該黨部臨時經費自本年五
月份起照撥並限三個月改組完畢又本會為中
央政治會議之一部專理政治關於黨務事件應
由上海特別市黨部直接中央黨部毋庸經過本
會各在案請查照

存。

（三十）上海絲繭全體女工總聯合會呈報組織經過請予備
　　　　案並稱本月二十二日下午二時假第一區黨部
　　　　開成立大會請派員指導由

　　　（一）登冊審查。

　　　（二）轉知工會組織統一委員會派員指導。

（三十一）淞滬警察廳長吳忠信函稱遵派該廳行政科李
　　　　　副科長滌為本會團體立案審查委員會委員請
　　　　　查照由

照准並通知李副科長。

（三十二）江蘇兼上海財政委員會函稱該會公推王委員
　　　　　孝賚為本會團體立案審查委員會委員請察查

照准並通知王委員孝賚。

（三十三）各地死難烈士追悼會籌備會函稱該會定本月
　　　　　二十一（星期六）上午十時在市黨部三樓開
　　　　　籌備會議請派員出席共商進行

復該追悼會籌備事宜，逕由該會籌備可也。

（三十四）林秘書仲川代林委員煥庭報告本會經費收支
　　　　　狀況附表

通過。

十六年四月份現金出納表

摘要			現金	摘要			現金
暫記往來款	狄膺墊款			暫記往來款	還狄膺墊	38709	
	借宣委會	330000			還宣委會	330000	
			368709				368709
撥財委會			500000	開辦費			24528
				圖章			2450
				郵費			300
				文具			156099
				車資			6117
				雜項			2008
				薪金			45770
				結存			4029971
			5368709				5368709

會計秘書林仲川簽字蓋章

十六年五月份上半期現金出納表

摘要	現金	摘要	現金
四月份結存	4029971	開辦費	4592
江蘇財委會	3000000	特別費	112375
		圖章	277
		電報	100
		郵費	600
		文具	11558
		車費	4517
		薪金	96200
		雜項	1418
	7029971		7471360
	7029971		7029971

會計秘書林仲川簽字蓋章

十六年五月份自十六至十八現金出納表

摘要	現金	摘要	現金
五月份上半期結存	4713601	捐助陳英士紀念會（特別費）	200000
		製證章	11000
		車費	91
		送張宅悼幛	900
		送張宅花圈	600
		結存	
			4387691
	4713601		4713601

會計秘書林仲川簽字蓋章

常務會計林委員煥廷交代清單

自十六年四月八日至五月二日

摘要	款目	附註	備查	摘要	款目	附註	備查
由蘇財委會共領銀	$8,000,000			鍍金證章	三十枚	自十七至四十六號	
共支銀	3612309			銀質證章	四十枚	一號及十一號至四十九號	
結存	4387691	內工商銀行支票二千元		又未發委員證章	八枚		
附現金出納表三張	三張			證章存根簿	一本		
總帳簿	二本			未用帳簿	一本		
補助帳簿	二本			未用補助帳簿	四本		
四月份收據	一本	計128號		簿記紙	八打		
五月份收據一至十五日	一束	計87號		空白收據	八百張		
五月份收據十五至十八日	一束	計6張		空白車費收據	八百張		
存查卷宗	三卷						
會計處木章	一顆						

（委員）林煥廷　簽字蓋章

（秘書）林仲川　簽字蓋章

（乙）討論事項

（一）金范氏呈稱故夫金敦五於三月二十九日下午六時
在愚園路為葡人潘列拉駕駛汽車撞傷致死現該潘
列拉倚恃治外法權逍遙法外請向葡領嚴重抗議以
伸冤抑或並請保留損害賠償

決議：交交涉公署。

（二）白崇禧函稱據寶山縣長江家楣呈稱值此大局尚未
底定新刑法律未奉頒布對於土豪劣紳及一切違犯
懲治法實苦無所依據請先頒暫行法律俾有遵循等
情查所稱各節尚屬實情應如何救濟請核覆由

決議：本會已呈請中央從速頒佈檢舉土豪劣紳條例，在
未頒發以前可由法庭依據本會第五號布告，照法
律手續處理該項案件。

（三）閘北寶山路義品里房客聯合會等各代表樂詩農等
呈稱災區損失無力彌縫請婉諭滬寧車站鄰近各路
各里房主豁免二三兩月房租

決議：交警廳辦理。

（四）青浦縣長顧菀生呈報四月十六日夜該縣監所押犯
乘變脫逃附具逃犯名冊請迅令協緝歸案訊辦

決議：轉省政府。

（五）江蘇兼上海財政委員會函稱請撥游民模範工廠維
持費五千元一節查江蘇財政廳現已成立應請逕商
核撥

決議：該廠需款孔急，該會既兼管上海財政性質，本會

所議決撥該廠維持費五千元仍請照撥。

（六）國民革命軍總司令部秘書處轉來上海崔甦民函請委任蔣伯器清理招商局案卷一宗批交清查整理招商局委員核辦

決議：交清理招商局委員會。

（七）上海特別市黨部秘書處函稱黨員蘇松芬對於市政一科學識經驗兩俱豐富請量才錄用

決議：候交市長。

（八）上海特別市黨部秘書處轉該黨部第四次執行委員會議決閘北一段救火會義務員朱淵如呈一件請查核辦理

決議：與本會第二十三次會議議決案交警廳案併案處理。

（九）上海臨時法院兼上訴院院長盧興原呈報本會通緝犯傅宗耀頃查匿居法租界已由該院填發拘票函請警務長轉飭各捕房嚴密協緝請另飭法公廨遵照辦理

決議：轉交涉員。

（十）中央政治會議篠電開元電悉本會第九十四次會議議決工會商民協會農民協會等條例及商會法由上海臨時分會參照本黨政綱第一次第二次全國代表大會宣言根據舊有法令斟酌修正呈候核定頒行至教育協會條例現在教育行政委員會正在籌議應俟籌議定奪後再行辦理特復

決議：組織起草委員會。

（十一）上海電機絲織廠同業公會函復該會擅訂條例登

報公布實係不諳法律所致惟該會前次由總工會
代表何大同所訂苛迫條例若不迅予解除則各廠
倒閉迫在眉睫請迅予施行俾解倒懸由

決議：候交勞資仲裁委員會辦理。

（十二）教育委員會函稱上海特別市黨部來函質問該會
組織大綱特抄附原件請核辦由

決議：根據議決案復教育委員會，轉知該黨部。

（十三）閘北房產聯合會等呈稱房租發生問題業主劇受
損失請速定辦法以資保護並稱該項問題雖經本
會十二號佈告暫緩佈告討論等由在案惟在此未
定辦法以前可否先令房客將四月份以前欠租如
數付清四月份起暫照警廳佈告以去年六月份租
價照付請准予佈告由

決議：交警廳。

（十四）上海閘北房客聯合會總會函請傳飭滬北工巡捐
局撤銷本季帶徵之一成保衛捐

決議：飭滬北工巡捐局撤銷該項保衛卷捐。

（十五）上海精武體育會函稱該會定於本月二十二日下
午一時半在該會開歡迎新會員遊藝會附章程一
份秩序單一紙請察核存記並知照警廳派警保護
由（註）章程並未附來

決議：轉警察廳。

（十六）平湖縣商會等篠代電稱蠶繭為平湖大宗生產現
在繭市開秤在即滬平輪渡關係重大除向洋商設

法租輪請白總指揮頒發通行證外請轉知准行

決議：轉白總揮。

（十七）上海碼頭工友聯合會呈稱該會訂於本月二十二
　　　　日上午十時假西門公共體育場開正式成立大會
　　　　請鑒核並派員指導由

決議：轉工會組織統一委員會。

（十八）上海絲邊聯合工會呈稱障礙橫生諸事掣肘請懲
　　　　治辦搗亂份子以維公益

決議：交東路軍前敵總指揮部政治部。

（十九）決議：電促中央迅予核准本會所擬勞資仲裁條
　　　　例及委員會組織大綱，即日頒佈。

（二十）本會係中央政治會議之一部，專理上海特別市
　　　　政治事宜，上海教育委員會係本會組織之教育
　　　　行政機關，並無蔑視黨權之處。

（丙）處理事項

（一）上海特別市黨部秘書處函稱該黨部定本月十八日
　　　上午九時假新舞臺開歡迎日本社會民眾黨領袖宮
　　　崎龍介先生（即宮崎寅藏之子）請派員參加又稱
　　　會商各報館減價事宜順延至翌日（十九日）上午
　　　十時請查照由

第二十六次會議

十六年五月二十三日上午十時

在上海新西區

出 席 委 員：蔣尊簋　孟心史　白崇禧（潘宜之代）

　　　　　　吳忠信　潘公展　郭泰祺

　　　　　　陳其采（沈澤春代）　張性白

　　　　　　楊樹莊（李景曦代）

臨 時 主 席：蔣尊簋

記　　　　錄：徐佩璜

主席恭讀總理遺囑，全體肅立。

（甲）報告事項

（一）上海銀樓業職工會函稱該會已蒙市黨部及工會組
　　　織統一委員會准予登記在案請予登記由

登冊審查。

（二）中國駕駛員聯合會代表吳厚貴呈報該會組織緣由
　　　及經過情形檢呈會員表冊及新舊會章各一份請備
　　　案給照由

登冊審查。

（三）上海土布業職工會呈報該會組織經過附委員名單
　　　及章程各一份請准予備案由

登冊審查。

（四）東北城商業聯合會呈報該會組織緣起及改組經過

檢呈會章及會員錄各一份請予備案由

登冊審查。

（五）上海眼鏡業職工會呈報組織經過附呈章程一則請
　　　准予備案由

登冊審查。

（六）上海華商電氣公司職員促進會呈報組織經過檢呈
　　　章程會員名單及執行委員履歷各一份請准予備案由

登冊審查。

（七）上海成衣業總工會呈報該會業已成立經選出執行
　　　委員侯炳文等二十一人常務委員邊春霆等三人請
　　　派員查實准予登記由

登冊審查。

（八）南北浙江路商界聯合會呈報該會概況請准予備案由

登冊審查。

（九）華商鑄豐通記搪瓷廠職工會呈報該會成立日期附
　　　呈委員名單及會章各一份請鑒核備案由

登冊審查。

（十）上海粵菜酒樓茶點工會籌備委員會函稱該會已籌
　　　備完竣請准予備案由

登冊審查。

（十一）吳淞永安第二紡織廠工會函稱該會已經改組向
　　　　工會組織統一委員會登記矣請准予登記由

登冊審查。

（十二）愛文義路九路商界聯合會函陳該會概況請准予

登記由附概況一紙

登冊審查。

（十三）上海海員中艙職工會呈報組織經過黏呈章程草
案請准予備案由

登冊審查。

（十四）上海帽盒業工會函稱遵令請予備案並指示由

登冊審查。

（十五）上海館業職工會呈報改組經過附呈章程及委員
名單各一份請准予備案由

登冊審查。

（十六）上海啟華烟草職工同志會函稱該會已向上海工
會統一委員會等機關登記備案在案請准予備案由

登冊審查。

（十七）中國全國鑼扣工業駐蘇總會執行委員會呈報該
會組織經過附呈章程及辦事細則各一份請鑒核
備案

登冊審查。

（十八）閔行藥業職工會函稱該會已蒙上海工會統一委
員會正式認可請鑒核備案由

登冊審查。

（十九）江淮旅滬同鄉會臨時常務委員成寅春等呈報該
會組織經過附呈舊有簡章請准予立案由

登冊審查。

（二十）上海總商會函復已開具美議員名單轉函各路商

　　　　界聯合會矣請查照由

存，並轉交涉署。

（二十一）杭州市廳長邵元冲案篠電稱（銜略）奉中央
　　　　　政治會議佳電開本會議第八十五次會議議決
　　　　　任命邵元冲為杭州市政廳長遵此謹於本月
　　　　　十七日在浙江省政府宣誓就職即日開始辦公
　　　　　請時賜教督由

存。

（二十二）上海茶業職工會委員程良輔等呈報該會組織
　　　　　緣起及經過情形附呈章程登記表及所訂勞資
　　　　　協定條約各一份請鑒核存案由

　　　　　（一）登冊審查。

　　　　　（二）所訂勞資條約候交勞資仲裁委員會。

（二十三）萬國拒土會崑山分會呈報該分會組織緣起黏
　　　　　呈簡章及職員名單各一份請予核准備案並轉
　　　　　飭各機關暨崑山縣公署一體查照保護由

登冊審查。

（二十四）上海學商公會會長沈惟燿呈報經過情形檢呈
　　　　　章程及歷年報告暨會友錄學商錄計五冊請鑒
　　　　　核備案由

登冊審查。

（二十五）改組上海律師公會籌備委員會呈報接收上海
　　　　　律師公會日期及籌備改組情形請予察核由

存。

（二十六）上海翻砂同業工會代表周玉文呈報該會組織
　　　　　緣起及經過檢具簡章請鑒核備案由

登冊審查。

（二十七）海關華員聯合會秘書處呈稱該會尚未覓得相
　　　　　當會所一俟覓得即當依法呈請備案

存。

（二十八）閔行職工聯合會函報該會組織經過請察核備
　　　　　案由

登冊審查。

（二十九）閔行南貨業職員會函報該會組織經過請察核
　　　　　備案

登冊審查。

（三十）中國商船駕駛員總會呈報設立宗旨檢同章程一
　　　　份請予備案並派員指導由

登冊審查。

（三十一）上海中國捲烟廠公會呈稱遵飭檢具會章請予
　　　　　備案

登冊審查。

（三十二）中華文學社顧藩呈稱設立該社宗旨檢呈章程
　　　　　一份請予備案由

登冊審查。

（三十三）上海菜場攤戶總聯合會呈報該會組織經過並
　　　　　成立年月檢呈章程一份請准予備案由

登冊審查。

（三十四）上海捲煙同業公會呈報該會成立及改組各緣
由檢具章程請鑒核備案由

登冊審查。

（三十五）羣學會代表陳勇三呈報該會成立始末檢同章
程請予備案由

登冊審查。

（三十六）松江縣天馬山商民協會呈報該會成立日期檢
會章會員名冊及委員名單各一紙請鑒核備案由

登冊審查。

（三十七）上海精武體育會呈報該會開辦年月檢同會章
及歷年職員名表各一份請審核備案由

登冊審查。

（三十八）上海碼頭棧工總工會呈報該會組織經過檢呈
會章會證徽章執監委員名單及所屬各分會系
統表各一件請鑒核備案由

登冊審查。

（三十九）上海毛筆職工會陳關平等呈報籌備經過請予
備案由

登冊審查。

（四十）法商電氣電車自來水公會呈報該會已經工會統
一委員會登記完竣請予備案由

登冊審查。

（四十一）滬北經售米糧公會范和笙呈報該會組織緣起及
成立年月檢呈簡章名單各一份請准予備案由

登冊審查。

（四十二）滬北米業聯合會會長范和笙呈報該會組織緣
　　　　　起及成立年月檢同簡章名單各一份請准予備
　　　　　案由

登冊審查。

（四十三）上海金箔公所董事龔模呈報該會組織緣由及
　　　　　成立經過檢呈行規及選舉章程各一份請予備
　　　　　案由

登冊審查。

（四十四）江蘇全省郵包稅徵收專局長沈應鏞呈報奉委
　　　　　及辦理情形請予鑒核由

登冊審查。

（四十五）寶山縣商民協會高橋分會執行委員孫榮德等
　　　　　呈報該會組織經過附呈職員表及簡章各一份
　　　　　請准予備案

登冊審查。

（四十六）上海特別市商民協會第二區會典質業分會呈
　　　　　報籌備及改組經過附呈草案暨籌備員名單並
　　　　　抄附市黨部商民部批示請鑒核備案由

登冊審查。

（四十七）上海電機絲織廠同業公會代表主席委員沈田
　　　　　萃等呈報該會改組緣由檢呈會章及會員委員
　　　　　名錄各一份請備案示遵由

登冊審查。

（四十八）敦厚里房客聯合會代表吳毓潘呈報該會組織
　　　　緣起附呈簡章一份請予備案由

登冊審查。

（四十九）淞滬警察廳長吳忠信函復交查淞滬商業維持
　　　　會籌備處呈一件檢繳原件四份請察照辦理由

交備案審查委員會。

（五十）上海各路商界總聯合會呈報該會成立年月及改
　　　　組經過開具委員名單請准予備案由

登冊審查。

（五十一）上海報關業職工會呈報組織宗旨附呈章呈一
　　　　份請備案保護由

登冊審查。

（五十二）上海電力絲織職工聯合會呈報組織緣由及經
　　　　過情形附職會員名單一紙請准予備案並頒給
　　　　委令以昭鄭重由

登冊審查。

（五十三）永安職工協進會呈報組織成立選出黃君松等
　　　　九人為執行委員葉俊卿等三人為監察委員檢
　　　　呈章程一份請准予備案由

登冊審查。

（五十四）閘北水電公司職員同人會執行委員呈報該會
　　　　正式成立附呈章程及會員名單各一份請備案
　　　　示遵由

登冊審查。

（五十五）上海鮮鹹豬業聯合工會呈報該會已在工會組
　　　　　織統一委員會核准備案市黨部工農部正式登
　　　　　記請准予備案加委

登冊審查。

（五十六）中華全國道路建設協會正會長王正廷呈報該
　　　　　會宗旨及經過成績檢呈會章道路月刊及所擬
　　　　　貫通全國道路地圖計七件請察核備案由

登冊審查。

（五十七）閔行估衣業職業會呈報組織經過請予備案

登冊審查。

（五十八）閔行油餅酒醬業職工會呈稱該會已由上海工
　　　　　會統一委員會正式承認請鑒核備案

登冊審查。

（五十九）上海大小車同業工會函報組織宗旨及經過請
　　　　　准予備案

登冊審查。

（六十）上海布廠同業職工會函稱該會已在工會統一委
　　　　員會登記請予註冊

登冊審查。

（六十一）上海洋務職工會呈報成立緣由並經過情形請
　　　　　鑒核備案

登冊審查。

（六十二）中國婦女協會函稱遵章送上該會會章及出版
　　　　　物各一份請予登記

登冊審查。

（六十三）淞滬駁船公所執行委員會呈稱遵章改選委員
　　　　　制繼續辦公附呈章程及名單各一份請准予備
　　　　　案並稱該公所前推代表江聲等與虞洽卿等共
　　　　　同組織之上海華商航業協會已分別呈准蔣總
　　　　　司令及本會備案合併陳明由

登冊審查。

（六十四）上海京幫皮業工會函呈成立經過情形請鑒核
　　　　　備案

登冊審查。

（六十五）花廠職工會第一分會函呈組織經過請准予備案

登冊審查。

（六十六）東方紡織工會代表張家祥等函陳該會改組經
　　　　　過請予登記註冊

登冊審查。

（六十七）上海理髮工友工會呈報成立緣由請鑒核備案

登冊審查。

（六十八）上海染織業職工會呈報組織緣由附呈章程一
　　　　　份請鑒核備案由

登冊審查。

（六十九）國民政府馬電開（銜略）所有簡任薦任各職
　　　　　人員即希分別呈報來核由

查明呈報，分別通知市內各機關。

（七十）滬寧鐵路車務處工會臨時執行委員袁紹昌等呈

　　　報該會籌備經過檢同章程及志願書各一份請鑒
　　　核備案給照保護

登冊審查。

（七十一）兵站總監俞參謀長電稱奉總司令部發下本
　　　　　會巧電查該部並未封用杭嘉湖小輪除電滬
　　　　　第一站兵站分監黃在機分監查明辦理外特
　　　　　電奉聞由

轉第一路總指揮部及前敵總指揮部。

（乙）討論事項

（一）上海建設討論會籌備處函稱准愛多亞路商界聯合
　　　會函請援助勝洋公司經理金敦五被葡人潘列拉無
　　　照駕駛汽車輾傷斃命凶首逍遙法外等情經該會議
　　　決援助抄錄原件請轉江蘇交涉署向駐滬葡領嚴重
　　　交涉務達懲凶撫恤目的由

決議：交交涉員，與前件併案辦理。

（二）上海愛多亞路商界聯合會銑代電稱據楊凜知等函
　　　稱該當事人金范氏之夫金敦五被葡人潘列拉駕駛
　　　汽車撞斃現該凶首逍遙法外請嚴重交涉等因請令
　　　飭郭交涉員據理抗爭務達懲凶目的由

決議：交交涉員，與前呈併案辦理。

（三）上海浦東塘工善後局呈稱該局福昌小輪於本月
　　　十四日為警廳偕同東前總指揮部派員徵用該輪係
　　　租賃行駛一經徵用船主多方責備請轉函總指揮部

　　警察廳特予優容查明釋放由

決議：交警廳轉復。

（四）滬北五區商業聯合會函稱北四川路餘慶坊業主李
　　　經邁堵塞里門喪失國權請迅飭該業主尅日撤除餘
　　　慶坊里門牆垣並收回長春路一段馬路以重主權由

決議：交警廳查辦。

（五）律師趙祖慰函稱據該當事人姚和尚聲稱姚和尚與
　　　姚福慶遺產糾葛一案於臨時法院上訴庭判決時發
　　　現姚福慶有意圖行賄之嫌疑等情請行文臨時法院
　　　澈究由（註：法庭判決之後既有行賄新證據，自有
　　　法律手續提起再訴之方法。律師而不依法律手續，
　　　輒向行政機關嘗試，應予懲戒與否，俟討論。）

決議：申斥，並著照法律手續提起再訴。

（六）大同大學復課促進會函稱政府接收無望學校負責
　　　無人胡校長人格學問久為社會贊許該會促進復課
　　　運動請予以援助並請即日派員到校解決糾紛由附
　　　宣言及告各界書一份

決議：交教育委員會。

（七）澄衷學校董事部學務委員曹慕管呈報該校學潮始
　　　末並此次重行罷課經過情形請鑒核判斷由

決議：交教育委員會。

（八）南匯縣公民吳秉鈞呈稱該縣現任科長張陶仁瀆職
　　　殃民行止悖謬列陳事實請派員審查依法懲處

決議：轉省政府查辦。

（九）上海理船廳稽查職工會呈稱稽查領袖王珊琳與王
　　　張順依恃外人勢力狼狽為奸無端開除工友非惟違
　　　背黨紀而且破壞工農政策請按法嚴辦以救涸鮒由
　　　附抄件三份影片一紙

決議：交工會組織統一委員會。

（十）國立政治大學維持委員陳望道劉大白函陳該校不
　　　能開課原因及酌留員役駐校保管校舍等件經過並
　　　稱大白已受浙教廳秘書之委望道亦須遄回原籍請
　　　開去此項職務即日派員到校接管該校電燈費並請
　　　知照該校駐軍自行支出由

決議：交教育委員會。

（十一）俞慶棠函辭務本女校校長請令簡賢能由

決議：交教育委員會。

（十二）進攻周刊社總編輯梁紹文呈稱該刊社以打倒共
　　　　產闡揚三民主義為主旨擬請本會會同教育委員
　　　　會令知各學校員生定閱本刊俾青年學子咸了然
　　　　於順逆之分由附刊物二本

決議：交教育委員會。

（十三）上海學生聯合會函轉震旦大學學生會函稱該校
　　　　神父壓迫同學而少數反動分子又甘心媚外勾結
　　　　神父擬定辦法二項請迅予轉飭各行政機關採納
　　　　施行設法懲辦由

決議：交教育委員會。

（十四）上海法政大學校務維持委員會主席黃惠平呈送

　　　　　該校本屆畢業證書一百二十張名單二份印花稅
　　　　　費一百二十八元請加章備案以資證明

決議：交教育委員會。

（十五）上海成衣業職工會函稱該會因勞資糾紛已於本
　　　　月十八日一律罷工請派員解決

決議：飭警廳調解並函知工會組織統一委員會。

（十六）上海教育委員會函請於美國上下二院議員來華
　　　　時先期通知開會以便派員參加歡迎

決議：照辦。

（十七）上海黨務訓練所所長潘宜之呈請頒發該所印信
　　　　並所長小章以資啟用並稱在所印未頒到之前由
　　　　該所自刻長方木印暫用請飭遵由

決議：照辦。

（十八）上海蒲淞區虞姬墩保衛團呈稱虞姬墩地處偏僻
　　　　盜匪出沒無常民眾無術防衛特由陳震等集合附
　　　　近鄉村組織該團以輔警力之不足請准予備案

決議：轉東前總指揮部。

（十九）軒轅殿成衣公所司年奚松林等呈稱該公所為失
　　　　業外幫翁成美等盤據不散黏呈警廳等批示請迅
　　　　予勒限遷移以儆凶暴

決議：交警廳辦理。

（二十）淞滬衛生局長劉緒梓呈為擬訂取締火酒攙水混
　　　　售懲罰規程暨提驗酒樣辦法請鑒核示遵附規程
　　　　及辦法各一份

決議：交衛生委員會。

（二十一）張石廬等函請核定蒲淞市區域以免糾紛由

決議：候交市政府。

（二十二）閔行鄉商民協會籌備委員諸塵奇等呈稱該會
區域問題延未解決請示遵由

決議：候交市政府。

（二十三）江海關監督俞飛鵬函稱五卅紀念轉瞬將屆本
埠各機關各團體是否停止辦公及下半旗該署
與稅務司有預先通知之必要請將劃一辦法詳
細函復

決議：照決議案函復。

（二十四）上海參業職工會第一分會代表蔣雪祥等呈稱
前為同業元昌等七家退出該會經派代表黃淦
綿葉家興二人前往工會組織統一委員會請示
辦法詎即為該委員會看管至今未釋附呈聯名
具保名冊請轉令該委員會即予釋放

決議：函上海工會組織統一委員會查明有無其他被押原
因，呈復核奪。

（二十五）中華國民拒毒會長李登輝函陳建議禁煙辦法
十項請酌擇施行

決議：存查。

（二十六）上海中華民國會計師公會會員會計師貝祖翼
等呈報該會組織緣起及現在內部情形請鑒核
派員指導改組由（附呈章程職員名單會員名

錄及年報各一份）

決議：派徐永祚、童詩聞、徐廣德、俞希禝、熊寶孫、
　　　周增奎、潘序輪、貝祖翼、李澂為籌備改組會計
　　　師公會委員會委員，並函知上海特別市黨部請派
　　　員指導該委員會改組事宜。

（二十七）上海黨務訓練所所長潘宜之呈稱該所於十七
　　　　　日開始設所辦事對於原定簡章稍有增刪上海
　　　　　黨務人員養成所名稱改為上海黨務訓練所請
　　　　　予批准準備案

決議：照准並准予備案。

（二十八）上海市郊農民協會籌備處常務委員沈若靈等
　　　　　呈稱該會對外常用個人私章殊非誠謹之道請
　　　　　頒發鈐記以資信守由

決議：現在籌備期間無須發鈐記之必要。

（二十九）蔣委員尊簋提議同濟大學現由教職員公推夏
　　　　　元瑮暫時維持唯經濟困難亟應救濟以保現狀

決議：交教育委員會。

（三十）東前總政治部淞滬警察廳請指撥淞滬警廳政治
　　　　部四月份經費由

決議：事關編制，應轉總政治部核辦。在未審定以前，
　　　由警廳向江蘇財政廳先領一萬元交該政治部，暫
　　　維四五兩月需用。

（三十一）黨員李玉階江政卿條陳江蘇財政整理計畫意
　　　　　見書及辦理鹽稅辦法各一扣請採擇由

決議：轉中央政治會議。

（三十二）萬壽寺釋寂山等呈稱靜安寺規復十方叢林永
杜流弊請求依法備案由

決議：准予備案。

（三十三）決議：加派李鏡湖、劉縉、湯兆豐、陳琦、
陳人杰為衛生委員會委員。

（三十四）決議：夏令衛生應飭衛生委員會及衛生局從
速籌備進行。

（三十五）決議：五卅紀念日各機關一律停止辦公下半
旗，民眾在華界開會由軍警負責維持秩序，
發布告。

（丙）審查事項：無

（丁）處理事項

（一）滬寧鐵路車務工會臨時執行委員會函稱該會於本
月二十二日下午二十假閘北福生路儉德儲蓄會開
成立大會請派員致訓辭附請帖一紙

中國國民黨中央政治會議上海臨時分會布告第十三號

為布告事，本會第二十六次會議議決五卅紀念日各機關一
律停止辦公並下半旗，各界民眾得在華界開會，除飭軍警
屆時負責維持秩序外，用特布告各界一體知照。此布。

中華民國十六年五月二十四日

中國國民黨中央政治會議上海臨時分會布告第十四號

為布告事，案奉國民政府馬電開，所有簡任、薦任各職
人員即希分別呈報來核等因，奉此為特布告仰各機關迅
將各該處所有簡任、薦任人員姓名職務並開具簡明履歷
表呈報本會，以便彙呈為要，切切。此令。

中華民國十六年五月二十四日

第二十七次會議

十六年五月二十五日上午十時

在上海新西區

出 席 委 員：褚民誼　張性白　孟心史　郭泰祺

　　　　　　　楊樹莊（李景曦代）

　　　　　　　楊杏佛　潘公展　陳其采（沈澤春代）

　　　　　　　蔣尊簋　白崇禧（潘宜之代）

臨時代理主席：褚民誼

記　　　　錄：徐佩璜

（甲）報告事項

（一）上海特別市黨部商民部函送商民協會各項章程請
　　　查收核閱

登冊審查。

（二）新中醫社呈報組織緣由檢具宣言簡則及職員名單
　　　各一份請准予備案

登冊審查。

（三）上海女權運動同盟會函陳該會宗旨附章程宣言各
　　　一份請准予立案

登冊審查。

（四）上海福綏堂履業公所呈報該會成立經過抄具行規
　　　一件請鑒核照准

登冊審查。

（五）上海市救火工會第一分會呈報該會成立經過情形

並舉定委員請准予備案

登冊審查。

（六）上海豬鬃工友聯合會韓德安呈報該會組織經過會
中並無不良分子請准予備案

登冊審查。

（七）四馬路商界聯合會呈報辦理經過情形並附呈章程
請准予備案

登冊審查。

（八）滬南藥業職工會主席委員方仰甫呈報該會組織經
過檢同章程及委員名單各一份請准予備案。

登冊審查。

（九）上海特別市商民協會王承志呈報由該會等發起組
織國命革命軍上海商民後援會黏呈第一次代表會
議通過組織大綱十條請俯准備案

登冊審查。

（十）閔行華洋布業職員會呈稱該會加入閔行職工聯合
會已蒙工會統一委員會認可請准予備案

登冊審查。

（十一）中國國民拒毒會會長李登輝等呈報該會辦理經
過情形附呈組織大綱團體一覽職員名錄及會務
述要事業進行等件各一份請准予立案並請通知
軍民領袖一體保護

登冊審查。

（十二）上海銅鐵機業商民協會籌備處呈報依法籌備附

呈章程及籌備人名冊請察准立案

登冊審查。

（十三）上海江浙絲經同業公會呈報該會改組經過抄具
　　　　規章及職員名冊各一份請准予備案

登冊審查。

（十四）吳淞國民製糖廠職工會函報該會會員人數及委
　　　　員姓名並派李桂春到會請准予登記

登冊審查。

（十五）閔行花米雜糧職工會函稱該會已蒙工會統一會
　　　　正式認可請察核備案

登冊審查。

（十六）上海經緯紡織廠職工會函稱已向市黨部工會統
　　　　一會兩處登記備案附具簡章一份請准予登記備案

登冊審查。

（十七）藍十字會謙益傷科專門醫院陳丙謙等呈報該院
　　　　性質及成立年月檢呈表格二紙報告書一本請准
　　　　予備案

登冊審查。

（十八）吳淞國民製糖廠職工會委員會呈報改組情形並
　　　　開具委員姓名附呈簡章請准予登記備案並請給
　　　　發證書

登冊審查。

（十九）滬南東區商業聯合會會長高鑑清等呈報該會成
　　　　立緣由並稱現在籌備改組以符通例一俟改組完

　　竣再行呈報檢同會章及職員名單各一份請准予
　　備案

登冊審查。

（二十）江浙皖絲廠繭業總公所委員會主席黃晉紳呈報
　　該會辦理經過並稱因限期甚促繕具委員履歷清
　　摺一扣先行附呈俟訂定新章就時具報請備案示遵

登冊審查。

（二十一）產權公益聯合會呈稱修正會章請求立案

登冊審查。

（二十二）上海鴻裕紡織工會呈報該會已由工會統一委
　　員會指導改組成立開具職員名單請予備案

登冊審查。

（二十三）上海簡簿職工會呈報該會組織成立附呈職員
　　名單一紙請予備案

登冊審查。

（二十四）棉織業聯合工會函陳組織該會宗旨請予存案

登冊審查。

（二十五）上海邑廟豫園攤業商民協會呈報該會組織緣
　　由及籌備經過附呈籌備員履歷表一紙請予備案

登冊審查。

（二十六）上海復旦大學心理學院實驗學校中學部呈報
　　該校廢除校長釧任制改為委員制附開委員姓
　　名請予備案

登冊審查並通知教育委員會。

（二十七）上海特別市蒲淞區北新涇保衛團執行委員會
　　　　　呈稱該會已呈准總指揮部備案請補行備案

登冊審查並通知總指揮部。

（二十八）上海內地各地方機關調查委員會函送審定市
　　　　　政表二十份請予察核

待各報告彙齊後排印審查。

（二十九）改組上海律師公會籌備委員會呈報該改組情
　　　　　形附呈辦事規約及職員名單各一紙請察核示遵

呈悉，此批。

（三十）上海黨務訓練所所長潘宜之呈報該所章程稍為
　　　　　修改請核准備案（附修正章程一份）

呈悉，准予備案，此批。

（三十一）中央執行委員會令開查各處政治分會與省及
　　　　　特別市黨部辦事職權多未劃清茲經本月十七
　　　　　日第九十一次常務會議議決嗣後各處政治分
　　　　　會專理政治關於省及特別市黨務均歸黨部直
　　　　　接中央辦理以清權限而利進行除分令外仰即
　　　　　遵照

覆遵辦，並轉市黨部（照二十四次決議函復）。

（三十二）嘉定縣長刑樹南呈稱遵復發還縣屬興華懇牧
　　　　　漁業公司田地一案情形請鑒核

存並函知原呈人范載侯等。

（三十三）江蘇交涉員郭泰祺函稱交辦奉魯潰軍在滬被
　　　　　租界繳械囑交涉發還一案准領袖瑙總領事函

　　　　　稱上項槍械為英軍所繳者由英軍長官交局保
　　　　　存為日軍所繳者尚在日軍官保管中請分向交
　　　　　涉復准英領函稱時局尚未安全此項彈械交還
　　　　　問題緩日協商可也各等由請查照

存。

（三十四）國民革命軍總司令部政治部駐滬辦事處主任
　　　　　殷汝耕函報受委及開始辦公日期請查照

存。

（三十五）上海教育委員會函稱該會印信已由徐宏士具
　　　　　領到會請鑒核

存。

（三十六）東路軍總指揮部江北特派員徐濤函陳受委及
　　　　　開始辦公日期請查照由

存。

（三十七）上海縣呈報繼續辦理戶籍暨會議情形祈鑒核由

存。

（三十八）財政委員會函復交辦常熟民眾金祖光等呈報
　　　　　常海稅所員司徐省三吞沒公款一案應由江蘇
　　　　　財政廳核辦已將原件函送該廳請查照

存。

（三十九）全國學總會改組籌備會呈報改組成立經過情
　　　　　形請予備案

登冊審查。

（四十）國民政府令稱共產黨圖謀傾覆本黨逆跡昭著所

有罪魁鮑羅廷等及各地首要次要危險分子著通
令所屬一體嚴緝務獲歸案辦理由（附通緝共產
黨名單一紙）

決議：秘密分別函令東前政治部、淞滬警察廳交涉司、
臨時法院公廨、戒嚴司令部特務處、上寶兩縣
長、地方檢察廳一體遵照。

（四十一）崇明市商民協會呈報組織宗旨及籌備經過請
予備案

登冊審查。

（四十二）中央執行委員會函交通令緝究專事反動宣傳
逆跡昭著者把持加拿大黨部機關報晨報彭逆
澤民所派專員雷逆鳴夏並禁止該報入口

決議：分別函令各機關辦理。

（四十三）儉德儲蓄會會長楊先芬呈稱該會創立於民國
八年以提倡儉德鼓勵儲蓄為職志會員均屬各
界有正當職業之分子洵為社會正當之團體附
呈章程請准予備案

登冊審查。

（四十四）上海絲繭商民協會常務籌備員沈澤春等呈稱
依照國民政府頒布商民條例組織上海絲繭業
商民協會積極籌備入會已達三百餘人並云絲
繭為對外貿易有特殊情形與普通商業不同公
議章程草案請准予備案

登冊審查。

（乙）討論事項

（一）上海學生聯合會呈報該會議決學生總要求廿二條
請俯允施行（附議決案一紙）

決議：彙案轉中央教育行政委員會，摘敘囂張事實請中
央頒佈整頓學風令。

（二）國立暨南學校呈稱該校經費向恃教育經費管理處
徵收屠牙二稅項下按月撥付現該處迄未成立無從
接洽請予先賜代籌五千元以應急需俟該處成立撥
到款項再行核實

決議：轉中央教育行政委員會。

（三）大同大學全體學生同志請下令通緝該校校長胡敦
復並請派員接收該校由（附該校十四年度學潮專
刊入學約章招生附告及學生同志宣言各二份）

決議：彙案交中央教育行政委員會，摘敘囂張事實請中
央頒布整頓學風令。

（四）復旦大學校務委員會呈報該校進行狀況並經濟困
難情形請察核維持酌撥公帑量加補助

決議：交教育委員會。

（五）東前政治部函轉上海浦東中學校學生會主席陳樺
呈請接收該校改為公立請查照核辦

決議：交教育委員會。

（六）上海黨務訓練所所長潘宜之呈稱該所公決請費哲
民同志擔任所長辦公室秘書彭學沛同志任教務部
主任陳羣同志任訓育部主任楊在春同志任總務部

　　　　主任請准予分別給發委任以專責成

決議：照委。

（七）上海簡簿職工會呈報該會組織以來向稱完善昨奉
　　　統一委員會命令未經該會直接組織之工會一概無
　　　效等因該會不知所從請予指導

決議：暫擱，俟中央回電後再核。

（八）中國國民黨學術院學員徐家棠等呈稱繕具履歷請
　　　予分配工作（黏呈徐家棠等履歷一紙）

決議：轉江蘇建設廳。

（九）淞滬警察廳長吳忠信呈復本會交辦閘北寶山路義
　　　品里房客聯合會等代表樂思農等呈請婉諭滬寧車
　　　站鄰近各路各里房主豁免二三兩月房租一案稱該
　　　會所稱各節尚屬實在為維持災黎起見似可准如該會
　　　所請其未經受災區域不得援以為例請核議施行由

決議：照准，並通知該房客聯合會由警察廳轉知該房
　　　主等。

（十）陳委員羣函稱現派張秘書秉輝每日代表出席團體
　　　立案審查委員會會議請查照

決議：照准，通知張同志出席。

（十一）五月革命運動紀念籌備委員會函稱五卅運動該
　　　　會定於南市公共體育場閘北青雲路及江灣跑馬
　　　　廳開大規模之紀念會請准予備案

決議：准予備函，並飭軍警屆時保護。

（十二）閔行婦女協會呈稱鄉董制與地方臨時執行委員

均係暫維現狀辦法現值軍政時期似應遵照全縣
各市鄉統一訓令辦理請迅予解決

決議：飭上海縣查復。

（十三）五卅死難家屬聯合會呈稱五卅一役募集捐款
三百萬有奇死難家屬未沾實惠請主持公道俾早
結束

決議：飭上海總商會查復，並將五卅募捐款項詳細呈復。

（十四）永安紡織第二紗廠工會函稱該會定本月二十三
日在吳淞開成立大會請派員指導並稱本月二十
日上午十時半突有身著便衣手持手槍四人至該
廠工會將會內之丁啟祥張阿三兩人並文件等一
併綑綁而去惟來處不明請調查真相（來函未蓋
圖章）

決議：交工會組織統一委員會。

（十五）上海特別市黨部工農部函轉棉織業聯合工會函
稱法租界貝勒路天祥里祥昌絲織廠無故開除男
女工友廿餘人並五九國恥不許開會等情請轉飭
交涉署知照法領協查真相懲處

決議：交工會組織統一委員會。

（十六）上海粵菜酒樓茶點工會秘書處呈報該會定本月
二十六日開成立大會請派員指導

決議：轉工會組織統一委員會。

（十七）上海特別市商民協會籌備處呈報上海市參業職
工會第一分會代表黃淦綿葉嘉興二人無故被工

> 會統一委員會拘留多日尚未釋放請派員澈查該
> 二代表立即釋放並令依法改組商民協會以資保
> 障而重民權

決議：交工會組織統一委員會，與本會第二十六次會議
　　　交辦案併案辦理。

（十八）鄺逸虎追悼會委員會函稱該會定於五月二十九
　　　　日假中央大會堂為鄺逸虎先生開追悼會請准予
　　　　集會

決議：交警廳核辦。

（十九）上海特別市黨部秘書處函稱該黨部第五次執委
　　　　會議決組織辦理房租捐助北伐軍餉委員會請推
　　　　定委員一人於本月二十三日加入討論

決議：宣傳勸導事項由該會負責，財政收支應由江蘇兼
　　　上海財政委員會辦理。

（二十）江浙絲綢機織聯合會代電稱江浙以國貨絲織為
　　　　業者年來受種種損失有維護培植之必要瀝呈緣
　　　　由三款請予切實保障以維工商而顧標本

決議：分轉江浙二省建設廳妥議辦法請各軍事政治主管
　　　機關辦理

（二十一）吳成富函稱前在飛隆汽車公司司機工餘時研
　　　　　究水力發電機專用水力不用煤炭現已得其效
　　　　　果苦無經濟請予贊助俾得成功

決議：請徐秘書長婉復。

（二十二）同濟大學維持委員許陳琦孟心如呈稱奉派維

持該校以經費無著積欠又鉅倘以政府委員名
義前往辦事勢必群起索薪且外籍教員薪額較
高更難應付自問無力維持請准予辭職另選賢
能以裨校務

決議：慰留，並函教務經費管理處請指撥的款維持該校。

（二十三）決議：請潘宜之同志向中央陳說上海保中外
　　　　　輿論之中心，中央宣傳委員會上海分會有實
　　　　　行原定計劃之必要。

（二十四）決議：電中央政治會議關於各團體立案事宜，
　　　　　究竟歸本會處理抑歸特別市黨部處理，請
　　　　　示遵。

（二十五）決議：加派沈怡、李祖範為本會接收改組濬
　　　　　浦局及揚子江技術委員會委員。

（二十六）決議：通知劉緒梓為本會衛生委員會當然
　　　　　委員。

（二十七）決議：派王世杰、周鯁生、盛俊、孟心史、
　　　　　馮柳堂、潘公展、沈澤春為實業團體條例起
　　　　　草委員會委員

（二十八）決議：傅逆宗耀經本分會通緝，逾期延不到
　　　　　案。應即通令上海各機關將傅逆在滬產業即
　　　　　日查封，並電請中央及總司令通令各地查封
　　　　　傅逆產業。

（二十九）上海商科大學維持委員潘序倫呈稱遵令維持
　　　　　該校曾二次辭職該校教授及學生一致挽留近

以職員會議決撥發欠薪學生方面忽藉端發現
驅逐該員宣言並宣布該員五大罪狀加以劇烈
之攻訐本人無法維持請准予辭職

決議：彙案轉中央教育行政委員會，並請頒布整頓學
風令。

（丙）審查事項：無
（丁）處理事項：無

中國國民黨上海黨務訓練所章程

十六年五月訂

第一條　本所宗旨在養成深明三民主義了解革命方略之
　　　　人才，以供黨務工作之用。

第二條　本所直隸於中央執行委員會政治會議上海臨時
　　　　分會。

第三條　本所設所長一人，由中央執行委員會政治會議
　　　　上海臨時分會委任綜理本所一切事宜。

第四條　本所設教務、訓育、總務三部，每部設主任一
　　　　人，由本所長呈請中央執行委員會政治會議上
　　　　海臨時分會委任之。

第五條　教務部主持本所教務事宜。

第六條　訓育部主持本所學生訓育事宜。

第七條　總務部主持本所庶務、會計、文書、交際及其
　　　　他不屬於教務、訓育兩部事宜。

第八條　本所教授講師由所長聘任之。

第九條　所長辦公室設秘書一人，訓育部設訓育員十人（內女生訓育員至少一人），總務部設庶務、會計各一人，各部並得酌設書記、司書及事務員若干人，均由所長委任，呈報中央執行委員會政治會議上海臨時分會備案。

第十條　本所暫定學生名額男女四百五十名。

第十一條　本所設黨務、農工、特別三班，於必要時得設夜班。

第十二條　凡本黨黨員由本市各級黨部、各學生會、各婦女團體及其他各法團保送或有中等學校畢業資格者，經本所考試取錄後得入黨務班。

由本市各工會及本市四郊農民協會保送之本黨農工同志，經本所考試取錄後得入農工班。

本所適應特別情況，得設特別班或夜班。

第十三條　本所日班學生服裝、書籍、膳宿等費用概由本所供給，並另發給津貼費每人每月兩元。

夜班學生除由本所供給書籍外，並每月各給津貼四元。

第十四條　本所學生以八星期為修業期限，其有成績優良者，得由本所設高級訓練班深造之。

第十五條　本所開辦費及經常費，由本所組織財務委員會造具預算呈報中央執行委員政治會議上海臨時分會核准飭財政機關撥給之。

第十六條　本所暫以法租界全神父路四五〇號為所址。

第十七條　本章程經中央執行委員會政治會議上海臨時
　　　　　分會核准施行。

中國國民黨上海黨黨務訓練所科目一覽表

基本科目	時間總數
（一）三民主義	12
（二）國民黨史	8
（三）國民黨之組織	6
（1）總章	
（2）黨與政府的關係	
（3）黨政府之組織	
（四）國民黨之政策	6
1 建國方略	
2 建國大綱	
3 國民黨代表大會宣言	
（五）帝國主義侵略中國史	8
（六）不平等條約	6
（七）工人運動及其組織	8
（八）農人運動及其組織	8
（九）中國政治經濟現狀	8
補助科目	時間總數
（一）青年運動及其組織	6
（二）軍事常識	6
（三）婦女運動	6
（四）合作運動	6
（五）現代國際情勢	10
（六）工會法及勞工保護法	6
（七）國際勞動運動	6
（八）社會心理	6
（九）各國革命史	10
（十）新聞之採訪及編輯	6

附記：上表科目及時間得由教授會議酌量變更之。

第二十八次會議

十六年五月二十七日上午十時

在上海新西區

出 席 委 員：蔣尊簋　郭泰祺　張性白　吳忠信

　　　　　　　孟心史　歐陽格　陳　羣　潘公展

　　　　　　　楊杏佛　楊樹莊（李景曦代）

　　　　　　　白崇禧（潘宜之代）

臨 時 主 席：蔣尊簋

記　　　　錄：徐佩璜

主席恭讀總理遺囑，全體肅立。

（甲）報告事項

（一）上海縣縣長邵樹華呈稱遵令開具履歷請予鑒核由
　　　附履歷二份

登冊彙呈中央。

（二）國民革命軍東路軍前敵總指揮部函稱前准本會函
　　　開據南潯商會等刪電稱值此育蠶時期請飭放蘇申
　　　杭嘉各輪數艘以利交通一案該部船舶已分發各軍
　　　師應用放還一層既電呈總司令仍候總司令批示遵行

函知南潯商會。

（三）東路軍前敵總指揮部函准本會函開據平湖縣商會
　　　篠代電以繭市開秤在即向洋商設法租輪請白總指
　　　揮頒發通行證一案自應照准除飭交通處填給二張

　　　　發交平湖繭公會董事胡振雄查收並電該縣商會知
　　　　照外函請查照

函知平湖縣商會。

（四）國民政府財政部駐滬調查貨價處函送該處出版書
　　　　籍三十四冊

分送各委員。

（五）上海教育委員會呈報領到木質鈐記一顆文曰上海
　　　　教育委員會之印該會遵於五月二十三日啟用請予
　　　　存案

呈悉，此批。

（六）中央政治會議秘書處函復上海黨務人員養成所簡
　　　　章已交中央執行委員會核辦請再送一份俾資查核由

照送。

（七）上海特別市黨部轉來蒲淞區北新涇鎮保衛團請求
　　　　備案原卷一宗

登冊審查。

（八）上海特別市黨部轉來蒲淞區江橋鎮保衛團呈請備
　　　　案原案一宗

登冊審查。

（九）江蘇司法廳函復呈請登給律師證證書一節現登陸
　　　　條例及證書格式正在分別擬訂中俟政府批准再行
　　　　核辦請轉知

轉知董康。

（十）江蘇交涉公署函復交辦民婦金范氏故夫金敦五被

　　　　葡人潘列拉汽車撞斃一案刻准葡總領事函稱已以

　　　　刑事將該潘列拉起訴俟辦有端倪再當奉達等由除

　　　　函代表律師轉知金范氏外請查照

函知金范氏。

（十一）淞滬警察廳呈復遵飭調查壓典利息情形請予鑒

　　　　核由

仍飭警廳妥議辦法呈核。

（十二）江蘇司法廳長陳和銳函知受委並就職日期請查照

存。

（十三）建國宣傳學校校長朱乃斌呈報該校經過情形並

　　　　稱現遷滬恢復先設函授部俟將來辦有成績再行

　　　　呈請備案除分呈中央宣傳部總政治部外請予察核

存。

（十四）總司令部政治部主任吳稚暉副主任陳銘樞劉文

　　　　島咨明受委及就職日期

快郵代電復賀。

（十五）國民革命軍第四十三軍軍長李燊副軍長胡剛通

　　　　電就職

存。

（十六）江蘇兼上海財政委員會函復本會四月份未領經

　　　　費四千四百九十八元已竭力籌措如數交林秘書

　　　　具領矣請查照

存。

（十七）中央政治會議敬電稱上海解決勞資糾紛暫行條

例草案及勞資調節條例執行委員會組織大綱草
案已交法制委員迅予審查報告矣特聞

存。

（十八）上海教育委員會函復交下上海法政大學學生會
呈報推定張知本等五人為校務委員請予加委一
案經該會議決上海大學法政大學二校善後辦法
已由本會議決似無容加委委員請鑒核

函悉，此批。

（十九）上海教育委員會函復交辦暨南校長姜琦呈請辭
職一案經該會議決應呈由中央教育行政委員會
核辦請查照

轉教育行政委員會。

（二十）國民政府令飭遵照清黨條例第十一條辦理清黨
事宜

呈復遵辦。

（二十一）江蘇兼上海財政委員會函稱江蘇財政廳業經
成立所有江蘇交涉署所設華洋民事上訴處月
支經費一千元應由該廳撥發除函該廳外請查
照轉知由

（二十二）潘宜之同志報告奉本會委託向中央黨部接洽
擴大辦理中央宣傳委員會上海分會一切情形
如下
一、改名上海宣傳委員會
二、組織仍舊照上海所擬分科分組辦法

三、隸屬中央執行委員會宣傳部

四、待中央政治會議再有正式決議通知分會
又上海黨務訓練所隸屬中央黨部

（乙）討論事項

（一）東路前敵總指揮部政治部主任陳羣函轉江陰慘案
委員會呈請並案辦理英外艦砲擊江陰攔門沙及澄
常通三縣交界十三圩港地方傷斃軍民數十人二案
除呈請白總指揮核辦外請查照辦理由

決議：交交涉員。

（二）常熟國民黨同志聯歡會等呈稱該縣臨時行政委員
會無形解體縣政負責無人議決推定湯有為同志為
縣長請先行委任由

決議：轉省政府。

（三）福建興泉水等縣黨部代表聯席會議執行部通電稱
頃致南京（銜略）一電略稱民軍禍閩慘無天日此
次閩南廿五縣黨部代表聯席會議因反對民軍留閩
並擴大清黨範圍大遭民軍頭目吳成等之誤怒誣出
席代表為共產瞞聳省黨部譚代指揮護黨擁蔣委員
會密令捕殺懇迅電制止並調閩軍離閩嚴行查辦等
語請一致聲援

決議：存。

（四）上海法政大學校務維持委員會主席黃惠平呈稱補
送該校預科畢業證書請予蓋章備案由

決議：交教育委員會查核呈報。

（五）利民等廠火柴梗片工會函陳該工會定於廿八日下
　　　午在南火車站對面利民火柴廠開成立大會請派員
　　　出席由

決議：轉東前敵總指揮部。

（六）閘北救火聯合會呈稱該會出會會員朱淵如前以浮
　　　報車資宣告出會事閱數年屢向法庭控訴該會且捎
　　　不交還制服銅帽此次又無理矇控實屬有意破壞公
　　　益團體特陳明原委請予核辦

決議：交警廳查辦。

（七）沈荀子等呈稱絲邊聯合工會李需臣（即李影山）
　　　姜芝芳等借名工會斂錢肥己恐嚇工友搗亂工作請
　　　予派員撤究並將該工會解散以符保護農工之至意

決議：轉東前總政治部。

（八）寶山縣第一區黨部呈稱該縣黨部共產份子譚飛等
　　　盤據黨部包辦一切特將該譚飛等所藏共產書籍攝
　　　影檢呈請飭令嚴辦

決議：轉東前總政治部。

（九）上海特別市黨部函轉同志涂康函稱許梜同志去歲
　　　來滬組織別動隊以期響應我軍事洩為李寶章所殺
　　　其家屬非常貧困請顧念先烈酌給撫恤費接濟孤寡由

決議：轉呈國民政府。

（十）上海市內各地方機關調查委員會函報該會查得江
　　　蘇第二區烟酒公賣事務局局長趙志戎因案離職員

司星散稅務停頓主持無人總司令曾派朱大經接替
迄今又未到滬該局稅收頗旺影響於國庫甚大請本
會令催朱局長從速接事或由本會暫行派員維持以
裕國稅而免廢弛

決議：存。

（十一）上海工會統一委員會常務委員會主席周貫虹等
　　　　呈稱據五卅慘案紀念會籌備會第五次全體大會
　　　　議決五卅運動工友參加不得扣發工資除由該會
　　　　通告外並請本會會同東前總政治部聯銜通告各
　　　　工廠各雇主遵照辦理

決議：轉東前總政治部。

（十二）蒲淞市民于思頤等呈稱因北伐軍到滬時該區組
　　　　織臨時市民代表會維持地方秩序並資遣潰兵招
　　　　待軍隊一切費用曾於四月二十五日備文造冊呈
　　　　報本會及上海縣派員查明在案但該項費用除楊
　　　　春膏代市總董墊用五百元外餘由個人借貸開支
　　　　今市總董奉令回復請令縣轉飭市總董劃歸楊春
　　　　膏五百元餘請逐一歸還以清手續由

決議：飭上海縣查明核復。

（十三）江蘇兼上海財政委員會函稱該會無稅可收加之
　　　　軍需萬急籌措維艱交撥遊民模範工廠經費經議
　　　　決仍由財政廳核撥除函該廳外請查照轉知

決議：由常務委員妥議辦法，報告大會再核。

（十四）工會統一委員會周貫虹等呈轉五卅慘案紀念籌

備會請准予備案並飭各軍警機關於五卅慘案紀
念會場飭派軍警協同嚴密防護又各演講區域亦
派隊保衛由

決議：函知各軍警機關依照本會十三號佈告辦理。

（十五）決議：電請黃市長就職。

（十六）決議：請市黨部指派數人，對於日本出兵山東
及英兵強姦華婦案作擴大之宣傳，並由該黨部
召集上海律師公會及各法團一致抗議。

（十七）決議：本會常會日期定每星期一四兩次。

（十八）派徐秘書佩璜代表前往參預大夏大學畢業典禮

（丙）審理事項：無

（丁）處理事項

（一）上海豬鬃工友聯合會函稱該會組織經過情形呈報
本會在案並稱該會定本月二十六日上午八時至十
時假九畝地鳳舞台開全體會員大會除呈報工會組
織統一委員會外請函知淞滬警察二區一分區第六
區駐在所就近派隊保護以免滋擾由

第二十九次會議

十六年五月三十一日上午十時

在上海新西區

出　席　委　員：孟心史　張性白　褚民誼　蔣尊簋

　　　　　　　　陳其采（沈澤春代）　楊杏佛　歐陽格

　　　　　　　　潘公展　郭泰祺　楊樹莊（李景曦代）

臨時代理主席：蔣尊簋

記　　　　錄：徐佩璜

（甲）報告事項

（一）滬寧滬杭鐵路管理局長李厚身函陳受委及到任日期
登冊。

（二）江蘇省黨部特別委員會常務委員廖世劻函稱案准
　　　江蘇省教育協會執行委員林立三等函報組織籌備
　　　情形並請函轉前江蘇省教育會移交接管經該會議
　　　決照准備案並委定該會原有執行委員林立三等
　　　十一員及該會遴選廖世劻等十員為江蘇教育協會
　　　籌備委員除函前江蘇教育會將文卷房屋移交外請
　　　准予備案由

准予備案。

（三）淞滬駁船同業公會委員長馮培熹等呈稱該公會於
　　　本年四月三日宣告成立並經舉定委員瀝陳經過情
　　　形檢同章程及會員錄各一份請准予備案由

登冊審查。

（四）中央執行委員會函稱本會所設黨務人員養成所應
　　　歸黨部節制並經決議派潘宜之為所長歐陽格為該
　　　所政治部主任即希查照由

函知潘宜之及歐陽格兩同志。

（五）清查整理招商局委員會呈報奉中央任命就職及第
　　　一第二兩次會議經過情形附送該會宣言及組織大
　　　綱辦事細則每月預算表各一份請予鑒核示遵

呈悉，此批。

（六）上海縣長邵樹華呈報上海縣商會改選經過情形附
　　　送當選人名單

呈悉，此批。

（七）太湖流域水利工程處長沈百先就職宣言

存。

（八）太湖流域水利工程處長沈百先代電稱奉委就職即
　　　在吳縣組織機關所有前浙西水利議事會江南水利
　　　局督辦蘇浙太湖工程局三機關由該員接收辦理

存。

（九）上海宣傳分會五卅慘案宣傳大綱一份

存。

（十）東路軍前敵總指揮部政治部復稱沈家灣農民協會
　　　請組織自衛軍案該案已函交團體審查委員會並批
　　　復矣

存。

（十一）蔣總司令感電稱准予查封傅逆財產由

函通緝各機關查照。

（十二）中央政治會議勘電開通令各地查封傅逆產業一
　　　　節經九十八次會議議決照准由

函通緝各機關查照。

（十三）國民政府秘書處函開奉委員會准中央政治會議
　　　　函開閩浙蘇等省政治監察委員徒亂行政系統經
　　　　議決取銷又東路軍前敵總指揮部政治部主任陳
　　　　羣電請在閩浙蘇三省各縣設一政治監察員經議
　　　　決此後清黨專權統一於中央黨部無須另設各縣
　　　　政治監察員希查照由

存。

（十四）上海房租協助北伐軍餉委員會已擇定法租界菜
　　　　市路鴻寧里一號為會所即日開始辦公請查照由

存。

（十五）中央政治會議師密電稱關於團體備案一案經中
　　　　央九八次會議決各處分會無為團體立案之例已
　　　　經分會備案者將來應彙交市政府請查照由

在市政府未成立前，仍准登記候市政府成立後彙交。

（乙）討論事項

（一）奉賢縣公民胡家驥等呈稱稽查密布擾累滋多請訓
　　　令松場水陸巡緝局撤銷稽查出示布告以安閭閻

決議：轉省政府。

（二）商科大學教務主任金侶琴呈稱胃疾復發深感痛苦

　　　請准予辭職並請轉咨中央教育行政委員會迅委賢
　　　員即日接收

決議：交教育委員會，並轉咨中央教育行政委員會。

（三）上海特別市黨部函轉六區黨部函請撫卹去年從事
　　　革命工作為孫逆傳芳斬決之朱同志長林家屬請查
　　　照（附原件）

決議：轉呈國民政府。

（四）上海成衣工會函稱本月二十四日奉工會組織統一
　　　委員會函召該會邊春霆陳國樑甫至會即被羈押同
　　　日下午復有周瑞昌施積山唐承明等率領警察到會
　　　聲稱解散該會並將會中名冊文券移去該會當將周
　　　瑞昌扭控一區二分所監所員以不管閒事對付及至
　　　工會統一委員會探問聲言並無解散命令真相不明
　　　含冤莫白請予設法營救准予恢復原狀

決議：交東前政治部。

（五）浦東中學校長沈履呈報脫離該校校務由維持委員
　　　維持任內經手帳目交由會計師清查請鑒核備案

決議：交教育委員會。

（六）私立立達公學呈報該公學經濟困難請改歸公立

決議：交教育委員會。

（七）浦東中學校教職員會主席張仲友學生會主席陳燁
　　　呈稱沈校長宣言離職學校現由教職員學生公舉委
　　　員組織校務維持會請准予備案並請頒解決辦法（附
　　　簡章一份）

決議：交教育委員會。

（八）前上海南洋大學校長凌鴻勛呈稱前由本會派李範
一前往接洽該校已於五月三日遵將任內經管學校
文卷圖書財產器具等項交由各部主管逐項送請李
處長點收清楚在案惟近閱報載上海學聯會將該校
長儕於學閥之列似同風馬牛不相及並瀝陳長校兩
年祗知謀學校與學術之發展與一般教育向乏往還
每期甄別學生召集教務會議審查學行成績為標準
即前被開除近復返校之學生其中復為清黨運動所
斥去除另函李處長細察外請予鑒核主持公道

決議：交教育委員會查照。

（九）國立東南大學分設上海商科大學學生會函陳該校
潘校長措施不當並詳述驅逐原委

決議：交教育委員會。

（十）上海特別市黨部函轉浦東捲烟業代表范廷芳聯合
義源隆記號等九鋪告發煙稅稽查員非法稽查呈一
件請轉飭浦東捲烟徵收機關嚴厲取締以蘇民困（附
原呈一件）

決議：交上海捲煙特稅局查復。

（十一）上海法租界商界總聯合會迴代電稱金敦五為潘
列拉汽車撞死一案除由該會召集各商聯合會討
論一致對付辦法外請電令葡總領事依法嚴懲並
要求賠償

決議：交交涉員併案處理。

（十二）浦東中學校主楊張氏呈稱該校糾紛不已風潮迭
　　　　起瀝陳經過辦學情形請本會責令該校董會維持
　　　　現狀俾遂原捐建人之意志如潘會計師查得該校
　　　　董會實有舞弊情事並請由本會一面查封該校董
　　　　等私產一面由該氏另組新校董會主持校務藉維
　　　　私立精神

決議：交教育委員會查復。

（十三）國民革命軍東路前敵總指揮部特別黨部籌備委
　　　　員會函稱該會定於六月一日假九畝地新舞臺開
　　　　成立大會請派員觀禮並指導

決議：派方交際秘書代表前往。

（十四）吳淞第二紗廠工會呈稱廠主彭順駱乾伯用惡毒
　　　　詭計破壞忠實工友之團體朦控特務處經該處捕
　　　　去丁啟祥張阿三兩工友請本會查明飭令釋放並
　　　　請懲辦彭順駱乾伯

決議：函轉特務處查明具復。

（十五）上海各路菜攤戶代表賀富生樂蓀呈稱災區葷蔬
　　　　菜販力難負擔場租懇請將陰曆二三兩月之場租
　　　　豁免以恤商艱

決議：交警廳核辦。

（十六）黨員梁紹文呈請明令准許人民舉報潛伏租界之
　　　　軍閥餘孽貪官汙吏劣紳土豪引渡到案法辦以重
　　　　黨綱而除民害

決議：凡軍閥餘孽、貪官汙吏、土豪劣紳有確實證據

　　　者，人民儘可舉發，但須依法律手續辦理。

（十七）上海衛生委員會函送該會組織大綱一份請予核
　　　　准以便奉行

決議：照准。

（十八）揚子江技術委員會及濬浦局接收改組委員會呈
　　　　報該會籌備經過擬具組織條例及辦事細則各一
　　　　份請予核准施行又稱揚子江技術委員會與濬浦
　　　　局性質不同似宜分別辦理對外名稱亦擬單獨分
　　　　用茲擬先接收改組揚子江技術委員會對於濬浦
　　　　局進行辦法隨時陳報核奪

決議：照准抄呈中央。

（十九）上海特別市黨部函請添派張家棟趙祖慰兩同志
　　　　為會計師公會籌備委員俾得盡遵本黨策略進行

決議：准予加派並函知該二同志。

（二十）上海市內各地方機關調查委員會呈稱造具預算
　　　　請予鑒核並稱該會除向財政委員會領過三百元
　　　　外尚缺五百三十九元仍請批交該會如數撥領（附
　　　　預算一紙）

決議：（一）預算缺數由本會特別費項下暫時撥付（二）
　　　　朱貢三、張一鳴兩委員每人每月發伕馬費六十元
　　　　（三）加該會預算三百元（即朱、張兩委員兩個
　　　半月伕馬費）

（二十一）上海總商會函稱囑詳細查復五卅募款茲附上
　　　　　報告冊一本請查核

決議：上海總商會五卅捐款收支帳目應由該會臨時執行
　　　委員會清查呈報。

（二十二）上海特別市黨部函稱據上海綢緞業職工會呈
　　　　　稱惡劣店東壓迫工人調解久無解決請予維持
　　　　　等由特請本會核奪理由

決議：轉東前政治部。

（二十三）沈嗣良呈稱服務體育機關多年並歷陳中華全
　　　　　國體育協進會經過情形現有學聯會造誣傾陷
　　　　　登報汙衊特呈事實請予鑒核

決議：交教務委員會查照。

（二十四）上海十九市鄉行政聯合會函稱浦淞市總董顧
　　　　　孝清近被不良分子朦請上海市黨部函請縣署
　　　　　將孝清撤革懲辦殊屬搗亂行為應請本會令行
　　　　　縣長澈查究辦以彰公道由

決議：不理。

（二十五）閘北寶興路房客聯合會函稱水爐業不請官廳
　　　　　核准擅自增價請求著令恢復舊價以蘇民生由

決議：交警廳。

（二十六）江蘇兼上海財政委員會復稱發撥本會之款均
　　　　　需挪借而來現在財政部業經成立本會經費應
　　　　　向財部請領由

決議：本會經費咨財政部支領並告以前經過情形及各項
　　　　預算，另呈請中央政治會議飭該部照撥。

（二十七）褚委員民誼提議本會所派之衛生委員葉漢丞

　　　　君近以共產嫌疑被拘請函特務處速予詢問並
　　　　特別優待

決議：函特務處查復。

（二十八）上海衛生委員會擬就防疫大綱請鑒核由

決議：飭衛生局切實執行。

（二十九）上海特別市商民協會籌備處呈請本會起草工
　　　　　會商民協會等條例時將工商界限明白劃分使
　　　　　法理事實兩皆顧全以免糾紛由

決議：交實業團體條例起草委員會。

（三十）總司令部兼代交通處長李範一擬具上海電報傳
　　　　習所結束辦法五項請鑒核備案又該所停辦原有
　　　　學生移入南洋大學作為附設班至該所原來按月
　　　　應領上海電報局撥款四千元應自六月份起由該
　　　　局撥交南洋大學具領應用請飭上海電報局遵照
　　　　辦理由

決議：轉交通部，並飭李範一暫緩接收，候交通部明令
　　　　辦理。

（三十一）上海電報傳習所教職員公函稱該所奉總司令
　　　　　部交通處處長李範一函開案奉本會函據教育
　　　　　委員會報告李處長範一呈請將交通部電報傳
　　　　　習所暫行停頓另圖改組一案經該會第四次會
　　　　　議議決照准復經本會二十二次會議核准各在
　　　　　案該所遵即停辦聽候改組惟李處長定於五月
　　　　　三十一日到所接收查本會第二十二次議決案

　　　　並無接收字樣請准予復議並請知照李處長免
　　　　予接收由

決議：轉交通部候部令辦理。

（三十二）中國濟難會幹事許世英等函稱該會於民國
　　　　十四年在上海及北京廣州等地發起組織期集
　　　　全國人士之力為被難者盡後死者之責成立以
　　　　來於五卅慘案均做作廣大之募捐救助工作近
　　　　因國民革命勢力已及大江南北該會有改組擴
　　　　大之必要於五月三十日召集在滬幹事及募捐
　　　　委員聯席會議並推定蔡元培等十五人為幹事
　　　　請予查照備案

決議：准予備案。

（三十三）內河各輪局上海戴生昌輪船總局等函稱該局
　　　　等自五月十一日起行駛蘇州湖州無錫嘉興常
　　　　熟蕩口平湖朱家角等處輪班為東路前敵總指
　　　　揮部交通處船舶管理處徵用後全部停航已逾
　　　　半月現值新繭上市銀貨旺運時候設再無輪開
　　　　班非惟輪業生計攸關即商貨亦同受阻梗請迅
　　　　予轉商東路軍前敵總指揮部交通處船舶管理
　　　　處放輪應班由

決議：轉知東前總指揮部飭放以利商運。

（三十四）武進縣商會武進廠業聯合會宥代電稱該縣趙
　　　　步瀛王金山等向第十四軍司令部誣控大綸紗
　　　　廠董事劉叔裴經理楊學賓等鼓動工潮危及軍

　　　　事吞沒股款充作逆軍軍餉等罪名致奉派員拘
　　　　訊並將楊學賚解往無錫查劉叔裴等素行安分
　　　　前次工潮發生均為及身受累之人安有鼓動工
　　　　潮資助逆軍之事該會均可切實擔保請准予轉
　　　　咨東路軍總指揮部令行十四軍司令部迅予釋
　　　　放由

決議：轉總司令部東前政治部十四軍司令部。

今夏防疫大綱提案修正

上海疫病以夏日霍亂為人眾所最注目、最危急之事。查上海地方性霍亂繼續流行已有數年，今年恐不能免，曲突徙薪，備之宜早，此宜防者一。外人把持租界，於市政衛生或亦為其藉口之端，國民政府統治下之上海尤宜屬行防疫，以期間執讒慝之口，此宜防者二。

今擬防疫實施大綱於後，以備採擇。

第一、對外防疫：上海非霍亂發源之地，故須對外防禦，
　　　　認霍亂為域外病。

　　　　（一）履行國際通報義務

　　　　（二）發布領土報告命令

　　　　（三）設立水陸交通檢疫機關

第二、對內防疫

　　　　（四）積極改良飲料水、自來水及自流井

　　　　（五）清道

　　　　（六）撲滅蚊蠅

（七）取締飲食物

（八）厲行預防接種，以上為普泛預防法

（九）注意發見疫死者疫病者及帶菌者

甲、通令全市醫生，凡診得疫病及疑似者，須限
時報告當局（衛生局警察廳），否則處罰。

乙、通令全市警察，凡遇見醫生進出之病家、死
人之家及路遇實棺出喪，須調查何病而死，
曾經何醫診斷，限時報告當局，由當局派員
詳細複查是否與疫有關，附檢屍及調查周圍
關係在內。

丙、設細菌檢查所

（十）隔離病人（含帶菌者疑似者在內）及染疫
區域

（十一）布置時疫醫院

（十二）制定消毒方法

第三、提高民眾防疫知識

（十三）設立講習所及組織宣傳團

中央政治會議上海臨時分會佈告第十五號

為佈告事，案奉國民政府令開案准中央執行委員會政治會議咨開五月十三日本會議第九十三次會議決咨國民政府訓令，民眾不可打倒帝國主義，而以排外排教之性質利用任何勢力壓迫或侵害中外人民信仰之自由等語，茲特錄案咨請查照辦理等因，准此除分令遵辦外，合行令仰遵照辦理，並即轉飭所屬一體遵照，此令等因。奉此除通令所屬一體遵照外，合行錄案佈告，仰各界一體週知，此佈。

中華民國十六年六月一日

第三十次會議

十六年六月二日上午十時

在上海新西區

出 席 委 員：楊樹莊（李景曦代）　褚民誼　蔣尊簋

潘公展　郭泰祺　孟心史　張性白

吳忠信　歐陽格　陳其采（沈澤春代）

臨 時 主 席：蔣尊簋

記　　　　錄：徐佩璜

主席恭讀總理遺囑，全體肅立。

（甲）報告事項

一、淞滬警察廳長吳忠信呈復交查柴米捐徵收機關及帶
收一分劃歸曹家渡國民學校一事經詢上海總商會轉
詢米業團體均稱不知又經函詢上海縣據復柴米捐一
項該署從未徵收各等語請鑒核由

據警廳呈復情形批斥。

二、上海縣縣長邵樹華呈報上海縣商會互選會長正會長
顧履桂副會長朱得傅連舉連任情由請察核備案

呈悉，此批。

三、江蘇交涉署函復准本會函轉上海建設討論會籌備處
函請交涉金敦五被葡人汽車撞死一案已催葡領迅將
此案進行矣請予查照

函復建設討論會。

四、上海衛生委員會函復遵推該會委員郭琦元為本會團
　　體立案審查委員會委員請查照

照准（通知委員會及郭琦元）。

五、江蘇省政府函復准本會函轉辦理川沙縣長葛芝岩呈
　　請發給運米護照二十張一案已令財政廳查核情形逕
　　飭遵辦請查照

函復川沙縣長。

六、淞滬警察廳呈復交辦秦志康等呈請取締租界典商重
　　利病民一案辦理經過情形請鑒核施行

照復秦志康。

七、魯南招撫員梅鈞函稱奉何總指揮委任為魯南招撫員
　　於五月二十五日先在滬就職俟籌備就緒即北上工作
　　請查照

存。

八、上海衛生委員會函呈該會現遷移法租界陶爾斐司路
　　五十六號為辦事處請查照

存。

九、上海衛生委員會函復本會交辦淞滬衛生局長劉呈並
　　附取締火酒攙水混售懲罰規程一案經該會議決選出
　　宋梧生等三人為審查該項規程委員請查照（附委員
　　名單一紙）

存。

十、上海工會組織統一委員會函復所有參業工會第一分
　　會黃淦綿等已於本月二十四日准予保釋矣

存。

十一、常熟國民黨同志聯歡會等函稱該會等前因縣政無
人主持曾開聯席會議具呈省政府請予選賢長縣並
未提議湯有為同志為縣長之舉頃見報載有常熟國
民黨同志聯歡會等向本會呈請先行委任湯有為為
縣長顯係投機份子假名捏呈合亟聲明請察照

轉省政府。

十二、吳縣臨時行政委員會函送該會會議錄一冊請察閱
存。

十三、蔣總司令世電開有電悉傅宗耀案已通令各省政府
飭屬一體遵辦矣

存。

十四、上海金銀業工會第一分會函陳奉到工會統一委員
會頒發該會鈐記一顆即日啟用請鑒核備案

存。

十五、上寶二縣會銜呈復飭查閘北房客聯合會呈請備案
一件奉逕派員前往該會參預會議俟有適當解決辦
法另報外所有接洽情形請鑒核

存。

十六、嘉定縣政治監察員陸友白呈稱嘉定縣長邢數南昏
庸不職貽誤黨治臚陳劣跡五項除分呈省政府及東前
政治部外請迅咨省政府將該縣長飭換另委賢員接替

中央已明令取消各處政治監察員，此件應存。

十七、閘北房產聯合會代表潘序倫呈報該會組織成立附

呈委員名單及章程各一份請准予備案

登冊候交市政府。

十八、上海縣第一區教育協會呈稱該區得省教育協會之
　　　許可於本月八日成立特開據章程名冊請予鑒核備
　　　案由附會員清冊及章程各一本

登冊候交市政府。

十九、上海市立學校教職員聯合會呈稱該會為謀黨化教
　　　育之實施及保障教職員自身之福利特組織聯合會
　　　加入會員百七十人於本月十五日由市黨部派員監
　　　視開成立會舉出執監委員請予鑒核備案附章程及
　　　委員名單

登冊候交市政府。

二十、南匯縣政治監察員梁烈亞聲稱本月二十一日檢得江
　　　蘇省黨部特別委員會復前南匯縣黨部監察委員張朋
　　　一函內有來呈已悉現本會已分派特別委員往各縣詳
　　　查改組黨部仰該委來縣等語查張朋在前縣政府為會
　　　計並非監察其行為則為共產黨徒已由東前總政治部
　　　通緝在案除將江蘇省黨部特委會原函檢呈東前總政
　　　治部外請令行江蘇省黨部特委會查照

中央已明令取消各地政治監察員，此件應存。

（乙）討論事項

一、上海市公所測畫員庾蔭堂條陳市政工務處之組織請
　　予採納附表二紙

決議：候交市政府。

二、改組上海律師公會籌備委員會代電稱該會為英國法
　　庭宣告英兵強姦華婦無罪案曾電外交部請即交涉撤
　　退英兵一面自動宣告廢止英國領事裁判權並請本會
　　一體主張所求實現

決議：交交涉署及宣傳委員會，並登報。

三、上海縣立務本女子中學校呈稱奉江蘇教育廳訓令開
　　在縣教育行政組織未經省政府改訂以前一切均仍其
　　舊等因唯報載上海市黨化教育委員會推陳德徵張晴
　　川接收務本女校以奉廳令在前除電呈江蘇教育廳請
　　示外祈賜予核辦

決議：交教育委員會查復。

四、上海大學學生會呈請飭教育委員會即日履行本會議
　　決案將上海法政二大學合併改組中山大學俾該二校
　　學生不致永久失學並請通知東前政治部准予啟封由
　　本會派員接管

決議：交教育委員會。

五、青浦縣商會等代電稱顧縣長莞生治匪有方勤於政治
　　為不可多得之能員請予傳令嘉獎以昭澈勸

決議：轉省政府。

六、律師錢承緒張德欽代電稱被英兵強姦之李孫氏現委
　　托該律師等向英法庭請求再審或提起上訴特電陳意
　　見三項除依法進行並諮詢法界意見以便早日提起再
　　審或上訴請飭所屬作擴大之宣傳以障人權

決議：交交涉員及宣傳委員會，並登報。

七、上海綢緞業職工會呈稱據該會會員同順裕順同餘三
　　號店員聲稱該號同人三十餘名因五九參加紀念遊行
　　被店東柳世明解職轉請本會予以維持並薄懲柳世明

決議：交東路軍前敵總指揮部政治部。

八、留雲禪寺住持德浩呈稱奉教育委員會函令該寺撥款
　　維持留雲學校本應遵辦唯該校一再武裝紛擾無從維
　　持請本會准予禁止新舊教職員雙方爭持俾得收回自
　　主以資維持

決議：著留雲寺遵照教育委員會函令撥款自辦，並飭警
　　　廳禁止該校擾亂，竭力維持。

九、上海特別市黨部函稱該黨部經常費尚多未撥請遵照
　　中央訓令轉函上海財政委員會即行撥發以利黨務

決議：轉中央黨部。

十、國民革命軍海軍總司令部函轉江南造船所呈報該所
　　營業日就衰弱請勸告華商各輪船公司以後造修船隻
　　工程悉交華商各船廠標估承攬毋使利權外溢以求貫
　　澈互助精神等因請決議施行

決議：函告各華商輪船公司照辦。

十一、上海醫師公會會長余巖函陳該會定於六月五日開
　　　會改組附呈草案一份請屆時派員指導由

決議：交衛生委員會。

十二、總司令部兼代交通處處長李範一呈報奉派前往南
　　　洋大學接收保管經過請轉請中央遴派該校正式校

長俾得早卸兼管責任由

決議：轉中央政治會議及交通部。

十三、上海成衣業總工會呈稱上海工會組織統一委員會
　　　一再披護滬寧蘇成衣工會非法拘押該會代表邊春
　　　霆陳國棟並由該委員會調查員周瑞昌（直魯軍餘
　　　孽）率領武裝警察並流氓多人將該會辦事員盡行
　　　逐出文件等物搶劫一空請澈底調查飭令釋放被押
　　　代表並解散該委員會由附憑證一紙

決議：交東路軍前敵總指揮部政治部。

十四、閘北虬江路德榮里房客自治會代表嚴莘農呈稱該
　　　里遭直魯軍役受災重大請援例飭該里房主陳煥之
　　　豁免二三兩月房租以補萬一由

決議：飭警廳查復。

十五、寶山縣殷行鄉鄉董朱家俊呈稱上海縣屬沈行鎮陸
　　　少卿霸佔上寶二縣交界之河濱填塞丈許擅建房屋
　　　前經上海縣徐知事委馬科長會勘出具拆除切結在
　　　案限本年三月底拆讓現限期已過非特抗不照辦反
　　　敢運動不良份子組織農民協會即以該屋為會所請
　　　予澈究由附陸少卿前具切結一紙

決議：交上海縣查明辦理。

十六、閘北火災各戶聯合會呈稱恤金早頒並令催淞滬警
　　　廳迅率華洋保險公會賠償寶山路虬江路一帶保險
　　　費由

決議：飭警廳迅及查復。

十七、上海市公民林正明呈稱該具呈人向有房屋四幢坐
　　　落老西門儀鳳弄錦福里後面所有房租每日每幢僅
　　　十三元恃為生活因外間發生減租運動該房客等藉
　　　口隨大眾辦法逕不交付請令飭警廳轉飭各該房客
　　　一律照付由

決議：飭警廳查明辦理。

十八、上海縣長邵樹華呈稱據旅滬全皖公會呈請備案除
　　　批示外特抄同該會會章及董事委員名單各一紙請
　　　鑒核令遵由

決議：准予備案。

十九、淞滬衛生局長劉緒梓呈報遵令籌辦夏令衛生擬具
　　　實施辦法暨預算書各一份請予鑒核並請指撥臨時
　　　經費由（另附擬設淞滬衛生局臨時防疫醫院計劃
　　　一冊）

決議：交衛生委員會審查。

二十、東前政治部主任陳羣函請查核辦理大同大學學生
　　　拒胡復課運動會函請援助拒胡扶持復課由（附該
　　　會原函一件）

決議：轉中央教育行政委員會。

二十一、上海建設討論會函轉淞滬游民教養院總務主任
　　　　函請重整該院附辦理方策請鑒核施行由

決議：交勞働大學籌備處審查辦理。

二十二、滬北工巡捐局局長王和呈稱該局帶徵上寶兩縣
　　　　保衛團捐款係按照前淞滬商埠督辦公署成案辦

理茲遵令飭科停止帶徵並函知保衛團查照惟本
年夏季總捐係於四月底開徵已徵起捐洋壹千貳
百元轉撥該團具領在案現在已經納捐各戶聞訊
撤銷紛向索還捐款應如何辦理請示遵由

決議：以前已繳各捐毋須發還。

二十三、上海衛生委員會函稱第二次會議通過經費預算
　　　　案一則請鑒核（附預算表一紙）

決議：照准，並彙案轉江蘇財政廳。

二十四、上海教育委員會函稱同濟經費經該會議決由該
　　　　會向教育經費管理處請撥惟接收事宜既由本會
　　　　派人在前現奉本會函稱又有該校教職員公推夏
　　　　元瑮維持一節辦法相歧如何處辦請核議

決議：催本會所派接收委員孟心如、許陳琦迅往該校，
　　　　會同夏元瑮辦理接收，並維持該校。

二十五、福建政務委員主席委員陳乃元等宥電稱（銜略）
　　　　汪精衛背叛我黨為虎作倀務懇中央明令開除黨
　　　　籍一致聲討

決議：存。

二十六、七寶臨時區第一二三分部函稱新近公佈之上海
　　　　特別市條例未見將該區加入民眾又起懷疑請將該
　　　　項條例提出修改明文規定該區劃入上海特別市

決議：存。

二十七、東前政治部主任陳羣函轉余吉士函請禁止賽馬
　　　　以重民生等情請查照辦理

決議：候交市政府。

二十八、決議：推褚委員民誼赴寧向中央報告本會經費
　　　　及本會通過上海政治各機關經費種種困難情
　　　　形，請中央政治會議維持本會歷次決議案，飭
　　　　江蘇財政廳照撥，並請示以後如有其他政治機
　　　　關向本會請撥經費，經本會核准者應如何指撥。

二十九、決議：電請中央催黃市長速即蒞任。

三十、郭委員泰祺潘委員公展提議加派聞亦有陳日平為
　　　　會計師公會改組委員會委員

決議：通過。

三十一、決議：本會常會改為每星期二、五，上午十時
　　　　舉行。

三十二、決議：通過實業團體條例起草委員會預算一件，
　　　　以三個月為終了期（自六月一日起），共計洋
　　　　二千四百十元。

三十三、決議：關於游民模範工廠維持費五千元一案（見
　　　　二十五次會議討論五，及二十八次會議討論
　　　　十四），應由本會敘明事實，轉知江蘇財政廳
　　　　照撥。

三十四、上海學生聯合會呈請本會撤銷第十九號布告或
　　　　於報端詳加解釋俾各校不致誤會學潮得以早息由

決議：婉復，聲明第十號佈告係持平辦法。

三十五、復議第二十九次第三十討論案

　　　　（總司令部兼代交通處長李範一擬具上海電報

傳習所結束辦法五項請鑒核備案又該所停辦原
有學生移入南洋大學作為附設班至該所原來按
月應領上海電報局撥款四千元應自六月份起由
該局撥交南洋大學具領應用請飭上海電報局遵
照辦理由　決議轉交通部並飭李範一暫緩接收
候交通部明令辦理）

決議：將本會先後派員接收情形並轉交通部。

（丙）審理事項：無

（丁）處理事項：無

一、上海公共租界清潔總聯合會函稱該會已蒙上海工會
　　統一委員會核准成立茲訂於五月二十九日假少年宣
　　講團開成立大會請派員指導

第三十一次會議

十六年六月七日上午十時

在上海新西區

出 席 委 員：白崇禧（潘宜之代）　褚民誼

　　　　　　　楊樹莊（李景曦代）　郭泰祺　潘公展

　　　　　　　陳其采（沈澤春代）

臨時代理主席：褚民誼

記　　　　錄：徐佩璜

（甲）報告事項

（一）東路前敵總指揮部交通處函覆內河封雇小輪已經
　　　通達各軍師飭將用竣小輪一律發還矣請轉知上海
　　　戴生昌輪船總局

函知戴生昌輪船總局。

（二）上海教育委員會函稱本會交議上海法政大學畢業
　　　學生備案事經該會議決畢業生名單准予備案至證
　　　書加章一節由該會轉呈中央教育行政委員會核辦
　　　並請本會將該校所繳印花稅轉送教育行政委員會由

照辦，函法政大學畢業生，並函中央教育行政委員會。

（三）國民政府令飭統一財政並飭所屬一律遵照由

通令各機關遵照辦理。

（四）上寶兩縣會銜呈復上海寶山兩縣保衛團第一團組
　　　織情形查與淞滬警廳查復情形大致相同早經令准
　　　備案在案惟淞滬保衛團現已由江指導員聲負責工

　　作職權似已統一並請鑒核由

呈悉，此批。

（五）甲、上海教育委員會函復關於國立政治大學維持
　　　委員陳望道等函請開去職務等因經該會議決請本
　　　會函二十六軍速將駐校軍隊遷出並加委桂崇基周
　　　鯁生二同志為該校維持委員由

照辦。

　　　乙、周鯁生函稱上海教育委員會議決委派該具呈
　　　人為接收國立政治大學委員因即日赴寧不能負責
　　　請取銷原議由

照准，並函知教育委員會補派。

（六）上海教育委員會函復關於浦東中學陳燁呈請接收
　　　該校改為公立一案經該會議決所有私立學校請求
　　　撥款接辦問題在公立學校經費未有辦法以前應暫
　　　緩議請察核由

照復陳燁。

（七）嘉定縣商會等呈稱該縣政治監察員陸友白任職以
　　　來極能稱職近聞有人飾詞朦控殊為可異以後如有
　　　此項情事來會請查傳原具呈人再行核辦由

中央已取消政治監察員，此件應存。

（八）滬南六路房客聯合會呈報組織緣由黏呈章程及委
　　　員名單請俯賜備案由

登冊候交市政府。

（九）寧波旅滬同鄉會公學教員聯合會委員胡逸農等呈

　　報組織經過情由附呈宣言章程及委員名單各一份
　　請准予備案由

登冊候交市政府。

（十）江蘇第二監獄典獄長吳棠呈報薦任職人員姓名履
　　歷請鑒核轉呈由（附表二件）

登冊彙呈中央。

（十一）淞滬衛生局局長劉緒梓呈送履歷表一份

登冊彙呈中央。

（十二）上海船務棧房工界聯合會呈報於五月十九日改
　　　組選舉出高宗漢等十四人為執行委員請予備案由

登冊候交市政府。

（十三）上海法租界商業聯合會會長葉覬辰呈報該會組
　　　織宗旨附章程一份請准予登記由

登冊候交市政府。

（十四）菜蔬公所駐守黃關坤等呈報該公所組織緣由及
　　　經過附呈前上海縣沈知事等示諭攝影二幀請准
　　　予備案由

登冊候交市政府。

（十五）上海總商會臨時委員會常務委員林康侯函稱該
　　　會前任移交帳目現正在延聘會計師辦理清查五
　　　卅募款亦清查之一部份俟有報告當一併呈報請
　　　查照由

存。

（十六）江蘇省黨部特別委員會常務委員徐恩曾等函報

改組就職請鑒察由

存。

（十七）第二十六軍政治部主任陳羣呈報於五月廿八日
　　　　就二十六軍政治部主任職請予鑒核由

存。

（十八）總司令部政治工作人員養成所函陳該所報告及
　　　　投放日期並填表附暫行條例及考試規則各二十
　　　　份請察照辦理

存。

（十九）上海教育委員會函復交查核上海法政大學補送
　　　　預科畢業證書請蓋章備案一案所有畢業生名單
　　　　准予備案證書蓋章一節已轉呈中央教育行政委
　　　　員會核辦請鑒核由

照復法政大學校務維持會。

（二十）上海南市木商公會代表葛亮卿呈報該會由木商
　　　　會館改組成立繕具章程名冊請予備案

登冊審查。

（二十一）上嘉江橋區保衛團呈報組織緣由及改組經過
　　　　　請予備案由

轉東路軍前敵總指揮部。

（二十二）上寶區捲煙特稅局柯筱庭函復交辦浦東捲菸
　　　　　業代表范廷芳等告發煙稅稽查員非法稽查請
　　　　　予嚴厲取締一案已令飭浦東支局照章辦理並
　　　　　嚴行取締不法稽查請予查照

照復范廷芳。

（二十三）國民政府令開據國民革命軍總司令蔣中正呈
　　　　　據越南南圻總商會長曾允澤呈請取消通緝葉
　　　　　伯行原案各等情葉伯行通緝案准予取消仰即
　　　　　遵照

飭各機關遵照。

（二十四）通崇海花業公所通海花業公所呈稱為保障農
　　　　　民利益及免除奸商舞弊起見議決整頓棉業緊
　　　　　要辦法六條請鑒核備案

轉江蘇建設廳。

（二十五）浦東業主聯合會呈報組織緣由繕具章程及會
　　　　　員籌備員名單請准予備案由

登冊審查。

（二十六）中央執行委員會函開據中央清黨委員會呈稱
　　　　　議決委陳德徵等十一人為上海特別市清黨委
　　　　　員等情業經本會決議通過希查照由

存。

（二十七）總司令政治部駐滬事務所長楊建平函陳奉委
　　　　　就職日期請予查照由

存。

（二十八）寧紹商輪股份有限公司函陳該公司向來修理
　　　　　船隻工程經過情形

存。

（二十九）崑山縣長吳相融呈報奉委及接任日期請鑒核由

存。

（三十）總司令部駐滬綏靖處長沈毓麟呈報奉委並就職
　　　　日期請予察核並飭屬查照由

存。

（三十一）浙江省商民協會江代電為日本出兵山東犯我
　　　　　主權請速起反抗該會誓為後盾由

存。

（三十二）總司令部政治部工作人員養成所長陳銘樞函
　　　　　送該所暫行條例及學生入學應試規則並保送
　　　　　書等各若干份請查照條例於六月十二日前保
　　　　　送學生前往投考由

存。

（乙）討論事項

（一）上海黨務訓練所所長潘宜之呈請三件（一）組織
　　　該所所務委員會附呈李石曾等委員名單請予圈定
　　　分別加委（二）組織校產校具清單保管委員會推
　　　楊在春等五人為委員請分別加委（三）造具該所
　　　開辦費預算及第一學期第一月份預算請核准飭撥
　　　具領

決議：轉中央黨部。

（二）蒲淞區北新涇保衛團執行委員會呈稱該團第五支
　　　團（王家寺保衛團）人數已達三十人以上經於本
　　　月二十八日開各支團常務聯席會議決承認該支團

　　　　為獨立團脫離北新涇團部關係請鑒核備案由

決議：交警廳查復。

（三）總司令部兼代交通處長李範一呈稱南洋大學生請
　　　求免除本屆考試如何辦理請交教育委員會議決飭
　　　知由

決議：交教育委員會核覆。

（四）郁警宇呈稱上寶押鋪病國蠹民再請封閉以裕餉源由

決議：飭警廳速將調查經過情形擬具辦法呈報。

（五）上海成衣業總工會呈稱飭令上海工會組織統一委
　　　員會釋放該會委員邊春霆陳國棟並派員查辦該委
　　　員會由

決議：轉東路軍前敵總指揮部政治部。

（六）華商電氣公司職員協進會執行委員吳振壽俞劼忱
　　　呈稱為組織電氣公司職員協進會為公司所不容於
　　　上月竟被開除懇請予以援助由

決議：轉東路軍前敵總指揮部政治部。

（七）上海北京鞋廠職工周禮容等呈稱受該廠廠主一倫
　　　壓迫驅逐出廠並將行李拋棄請飭令該廠主補給兩
　　　個月薪資及回粵盤費由

決議：轉東路軍前敵總指揮部政治部。

（八）上海市公所職工會呈稱該會於六月六日開成立大
　　　會請派員監察由

決議：轉東路軍前敵總指揮部政治部。

（九）上海縣長邵樹華呈稱交查上海私立初級小學校請
　　　免納地租撥充校基一案茲據輔元堂函稱該校基地
　　　係該堂善產連年租金已達壹千四百柒拾元之巨自
　　　本年起可將應收租金撥充該校經費所有舊欠仍須
　　　如數交納等情前來理合據情轉請鑒核飭遵由

決議：如該校繼續辦理，該善堂所擬辦法尚屬可行，其
　　　以前租金可由該校長與該善堂直接解決。

（十）蘇州中華傳染病學院呈報該院專事考求傳染病之
　　　原因治療及預防方法繕具章程及創辦人履歷並附
　　　該院自製霍亂感應疫苗藥樣四瓶請准予備案並轉
　　　行各衛生機關一體採用以示提倡由

決議：交衛生委員會。

（十一）上海市電氣工會第二分會函稱為要求平等待遇
　　　　起見已向公司提出要求條件十三條定本月六日
　　　　與公司方面談判附條件一紙請予存案並稱如公
　　　　司方面有無理壓迫處請予以援助由

決議：轉東路軍前敵總指揮部政治部。

（十二）國立暨南學校呈稱經費支絀無從維持刻聞同濟
　　　　請撥五千元已由本會照辦未知確否如果屬拾實
　　　　請援例迅撥五千元以資維持由

決議：函復並無此事。

（十三）上海特別市小學教師聯合會呈送該會通過要求
　　　　條件十五條請予核准以便提出由

決議：交教育委員會審查。

（十四）上海特別市黨部臨時執行委員會函據二區十分
　　　　部郁警宇同志呈控上寶兩縣押鋪病國蠹民請予
　　　　封閉等情經該會議決請予查封由（附原件）

決議：交警廳迅速併案查復，以憑核辦。

（十五）廣州國立中山大學特別黨部改組委員會呈稱該
　　　　校共產份子潛逃來滬者為數甚多請通令上海各
　　　　校如有該校學生前來投考或轉學者須有該會證
　　　　證明書方得准其進校否則請嚴行取締以杜後患由

決議：通知教育委員會轉知各大學照辦。

（十六）上海縣長邵樹華呈報縣立務本女校性質及該校
　　　　自張校長辭職後經過情形並稱應否仍責令教育
　　　　局另行物色人才報縣轉呈教廳核委除分呈教廳
　　　　外請鑒核示遵由

決議：交教育委員會會同教育局另選校長。

（十七）上海市郊農民協會籌備處常委沈若虛等呈報暫
　　　　刻圖記緣由附呈圖記式樣請予核准施行由

決議：存。

（十八）晉豐絲邊廠工人趙柳堂等十八人呈稱工頭姜芝
　　　　芳姜蘭芳李虎臣等假名絲邊聯合工會把持工會
　　　　壓迫工友勒索會費斂錢肥己請予澈究由（附切
　　　　結一紙）

決議：轉東路軍前敵總指揮部政治部。

（十九）黨員俞慕古呈稱徐家匯一帶工廠洩瀉污水沖入
　　　　蒲匯塘加之年久未浚水質含毒危害全塘飲料請

再打蒲橋設閘防阻一面通令各工廠另謀洩水之
策以重民命由

決議：交警廳及衛生局辦理。

（二十）東前政治部主任陳羣函轉上海馬橋鄉商會分事
務所長鈕元晏呈轉該鎮肉業商民請飭令上海縣
遵照松江成例免予追繳三月份屠宰稅請查照辦
理由

決議：交江蘇財政廳。

（二十一）上海衛生委員會來函三件（一）請頒發鈐記
及委員徽章以便進行（附委員名單一紙）
（二）該會經費已由本會核准請轉江蘇財政
廳每月撥給壹千元以資辦公（三）遵推李委
員鏡湖前往參加上海醫師公會六月五日開會
改組事宜請查照由

決議：（一）照辦（二）已辦（三）函悉。

（二十二）滬北五區商業聯合會呈稱閘北長春路餘慶坊
業主李經邁築牆堵塞該坊總弄里門業於五月
十八日呈奉本會交警廳查辦在案迄今未聞發
辦殊深疑慮請迅傳該業主到案嚴懲並勒令拆
除該坊牆垣由

決議：飭警廳迅速辦理。

（二十三）甲、江灣殷九殷十一圖被圈地畝業戶聯合會
代電呈稱江灣土豪張濟瀾（即張晉峰）久任
萬國體育會買辦藉外人勢力強迫圈買民田

三百餘畝近已變賣洋商似此不顧國權圖利媚
外請嚴予懲辦

決議：飭警廳會同寶山縣併案查辦。

乙、江灣區黨部呈轉江灣股九段十一圖被圈地畝
業戶聯合會呈稱江灣土豪張濟瀾久任萬國體育會
買辦藉外人勢力強迫圈買民田三百餘畝近已賣與
洋商似此不顧國權圖利媚外請嚴予懲辦由

決議：同前。

（二十四）上海市郊農民協會籌備處常務委員沈若虛等
呈請案二件（一）呈請轉請中央黨部從速核
准該會自五月份起按月撥給補助費洋貳千元
以示扶導而利進展由（二）呈請令飭上海縣
切實查明該縣農會及各鄉農會明令取銷其所
有文卷簿籍經濟器具等項勒令移交該會接管
以明法統而重會務請核准施行由

決議：轉市黨部。

（二十五）留雲校長童行白呈稱遵奉上海教育委員會令
接辦留雲學校於五月卅日就職請鑒核辦案由

決議：轉教育委員會核辦。

（二十六）決議：褚委員回來報告本會經費財部已先匯
壹萬元，應由本會電財部古部長請速照案如
數滙寄本會林秘書仲川收領，以應急需，所
有預算細目再行詳細函報。

（丙）審理事項：無

（丁）處理事項：無

第三十二次會議

十六年六月十日上午十時

在上海新西區

出 席 委 員：白崇禧（潘宜之代）　褚民誼　郭泰祺

潘公展　陳其采（沈澤春代）　吳忠信

楊樹莊（李景曦代）　張性白

臨時代理主席：郭泰祺

記　　　　錄：徐佩璜

主席恭讀總理遺囑，全體肅立。

（甲）報告事項

（一）國民政府秘書處函復本會呈請酌量撫恤朱鏗齋之
長子林從事革命工作為孫逆斬決一案奉批交中央
黨部辦理請查照由

照復，朱鏗齋由市黨部轉。

（二）江蘇省黨部為日本出兵山東代電一則

存。

（三）江蘇交涉公署函復金敦五為葡人潘列拉汽車撞傷
身死一案昨准葡領復稱以准將潘列拉照誤斃金敦
五罪備行審理矣請查照

存（登新聞）。

（四）上海綢緞業商民協會籌備委員呂葆元等呈報籌備
改組綢緞業商民協會請先予登記由

登冊審查，彙交市政府。

（五）中央政治會議秘書處陽電稱本會經費已議決交財
　　　政部核發請補送預算表二份到會由

　　　　（註：電內誤一萬五千二百元為一萬二千五百元，
　　　　應聲明更正。）

補送預算表，並去函聲明來電數目有誤。

（六）上海市內各機關調查委員會呈送市政機關調查表
　　　十份教育機關調查表三十份所有教育方面之調查
　　　仍請本會令行教育委員會切實考核

　　　　（一）市政機關調查表待彙齊後排印審查

　　　　（二）教育機關調查表交教育委員會

（七）國民政府令飭轉飭所屬一體嚴緝共產黨徒王光強
　　　等六名由

令飭所屬照辦。

（八）上海牛肉行業同業公會執行委員李瑞生等呈報該
　　　會組織緣由附呈會章概況各一份請鑒核備案由

登冊審查，彙交市政府。

（九）吳淞國民製糖廠職工會函陳本月十二日在該廠開
　　　成立典禮請涖會指導

轉市黨部。

（乙）討論事項

（一）上海各路商界總聯合會函轉該會會員晉隆米號主
　　　許振嶽函稱該號與東南旅館主邱錦雲往來米款去

年底該欠洋一百零四元四角不但向討不理反挾武
裝軍人威嚇請予援助等因請核辦

決議：交警廳。

（二）東前總指揮部函轉江灣殷九殷十一圖被圈地畝業
　　　戶聯合會代電呈請懲辦江灣土豪張濟瀾即張晉峰
　　　假辦學等名義強迫圈購民田近忽變賣洋商為拍球
　　　場一案請核辦由附抄原件一份

決議：飭警廳會同寶山縣併案查辦。

（三）淞滬警察廳長吳忠信函稱茲准江蘇財政所函知該
　　　所經費在新預算未成立以前仍照舊預算辦理查該
　　　所經費業經本會議決交財政委員會照發照辦在案
　　　該項新預算當然成立請令飭財政所仍照本會決議
　　　辦理由

決議：該警所新預算案業經本會議決照發在案，當轉知
　　　江蘇財政所照撥，以維警政。

（四）沈員等呈稱前蒙本會准予存記現在市政府行將成
　　　立請令黃市長錄用或別予位置

決議：候交市政府。

（五）上海市土布業職工會第一分會呈稱前提出改善待
　　　遇條件經工會統一委員會代向布業公所商請辦理
　　　該所遷延月餘迄未解決請予令飭該所召集各店協
　　　議履行條件以資維持由

決議：轉市黨部。

（六）寶安路居戶代表王治心函稱該路迭次發生劫案居

民一夕數驚除向警察分所請恢復該處崗警外請維
持治安設法弭盜由

決議：交警廳辦理。

（七）旅滬浙人葛思俊呈請誥誡上海郵局速即恢復戰前
浙境郵滙取費章程以減民困

決議：轉交通部。

（八）上海市第三區二十七分部呈請向法領交涉拆除徐
家匯謹記路鐵網以利交通

決議：交交涉公署。

（九）上海各路商界總聯合會呈稱逐出租界之判決係前
會審公廨不合情理之處罰該會議決呈請核議明令
臨時法院取消此種判決以保主權而重國體

決議：交臨時法院核復。

（十）嘉定縣陳店鄉鄉董錢文紳鄉佐錢文其呈稱興華墾
牧漁業公司地產無故啟封瀝陳經過事實請令行嘉
定縣撤銷前令重行發封以符原案

決議：本案業經本會第十八次會議議決飭嘉定縣查復，
旋經該縣長呈報（廿七次會議）已令飭興華墾牧
漁業公司經理許志芳出具，嗣後不再違令挖泥，
切結並發還該公司田地各在案。法令具在，該許
志芳何得更名易姓，並將該公司原名改稱嘉南養
魚場，施行詭計，繼續挖泥。如果所稱確實，實
屬目無法紀，膽大妄為已極。著該縣長迅即查勘，
將該公司產業即日重行發封，並嚴懲許志芳以儆

效尤。

（十一）上海特別市黨部轉上寶公民朱邦藩等呈控上海
閘北寶山路救火聯合會二段隊長徐幼棠三段隊
長金式如秘書王錦濤狼狽為奸劣績多端請嚴查
究辦

決議：飭警廳查復。

（十二）甲、沈家行鄉村農民協會函稱殷行鄉鄉董朱家
俊呈控沈地鄉民陸少卿私佔官河一案有涉及該
會處該會並無陸少卿其人特請聲明

決議：交上海縣併案查明辦理。

乙、陸少卿呈稱見報載本會三〇次會議第七項
討論有寶山縣殷行鄉董朱家俊呈稱該民霸佔官
河抗不拆除並運動不良份子組織農民協會以該
屋為會所等情不勝詫異請派員測量以明真相

決議：同上。

（十三）國民政府秘書處函稱奉批請查復上海新聞報館
代表朱羲農等呈請電知特務處收回該報停止寄
發令附抄原件

決議：存。

（十四）中央宣傳委員會上海分會函詢該會尚有未領開
辦費一千元應於何日撥交請示知具領

決議：復照議決案撥付一千元，除已預撥國際組七百二十
四元六角五分外，尚餘二百七十五元三角五分即
希查收，以後該會經費統歸中央黨部核發。

（十五）滬北公學校長馮明權呈稱該校於工會暴動時校
　　　　舍多被損壞請令警廳飭該校房主遵照本會批准
　　　　豁免戰區陽曆三四兩月房租之辦法免收兩月房
　　　　租以資彌補而維教育

決議：飭警廳查復該校是否在被災區域，呈後核奪。

（十六）甲、江蘇兼上海財政委員會函稱浦江船隻稅已
　　　　由公民安祺呈由該會批准暫予試辦在案現據上
　　　　海市公所函稱該稅為該所收入大宗並經本會第
　　　　三次會議議決在未議定如何處理上海市各地方
　　　　機關以前該公所不得將附屬機關交與任何人接
　　　　收在案各等因特抄錄原件請查明迅予見復

決議：該項船捐可准由安祺承辦，惟該項稅款似應仍歸
　　　市公所，仰該委員會核奪飭遵。

　　　　乙、公民安祺呈報認辦上海內地船捐經過情形
　　　　請求核復准予每月認交比額三千一百五十元以
　　　　後如有餘文並願再加比額以符批令而免損失

決議：呈悉，仰候財政委員會示遵，此批。

（十七）上海建設討論會呈請將江海關水巡捕房權限劃
　　　　歸上海市政廳港務局江水巡捕房行政權從速收
　　　　回令飭海關監督江該水巡捕房改組為海關檢查
　　　　漏稅處以一事權

決議：候交市政府，並交接改組濬浦局委員會討論。

（十八）上海縣長邵樹華呈報該縣保衛團編制略歷並稱前
　　　　訂條例是否暫仍適用或請另定職權請鑒核示遵

決議：轉省政府核示。

（十九）甲、上海縣長邵樹華呈復遵查上海市公民趙烈
　　　　控告楊憲邦一案請鑒核附原件二件抄件一件

決議：前經傳訊不到，著警廳會同上海縣緝拿趙烈，照
　　　　反坐罪嚴懲。

　　　　乙、上海市公所工程處主任楊駿承稱二次被人
　　　　匿名誣空特據實陳明趙烈誣控十三點請鑒核飭
　　　　拘趙烈到案依法究辦

決議：與前案併案辦理。

（二十）上海特別市黨部臨時執行委員會函稱上海學聯
　　　　會所提總要求本會對之有整頓學風之決議查該
　　　　項要求除第一項該會認為與本黨訓政時期不合
　　　　外其餘各項意見似無不可酌量容納之處請取銷
　　　　前議以示黨政府處處扶助革命青年獎掖學子之
　　　　至意

決議：轉中央教育行政委員會。

（二十一）夏元瑮函稱承委會因孟許二委員辦理接收同
　　　　　濟大學事宜並維持該校茲欲專心教務特函辭
　　　　　謝請照准

決議：交教育委員會。

（二十二）同濟大學校務維持會呈報該會業經改組推夏
　　　　　元瑮吳述先為正副主席校中秩序一切照常惟
　　　　　經費奇絀請迅予撥款接濟並令委新校長負責
　　　　　辦理除分呈外請予鑒核

決議：交教育委員會。

（二十三）上海法科大學校長董康潘大道函稱該校本屆
　　　　　大學部等班畢業生共一百六十餘人該項文憑
　　　　　貼用印花若干手續如何苦無章程依據請核示

決議：交教育委員會核復。

（二十四）上海各團體反對日本出兵山東來華運動委員
　　　　　會函稱本月十二日在閘北青雲路等二處開反
　　　　　對日本出兵來華運動大會除請各政治部加派
　　　　　武裝同志參預保護外請准予備案

決議：准予備案。

（二十五）甲、華商益中拍賣行有限公司發起人沈田萃
　　　　　等呈組織該公司緣起附具章程一份請予註冊

決議：暫准備案，仍候交市政府。

　　　　　乙、華商益中拍賣行股份有限公司董事沈田
　　　　　萃等呈稱組織華商益中拍賣行股份有限公司
　　　　　報告成立日期請准予備案轉報註冊並擬具請
　　　　　求事項四款請分別轉飭以維商權

決議：同上。

（二十六）白委員崇禧提議致電江蘇財政廳撥給本會核
　　　　　准撥付上海黨務訓練所開辦費及六月份經費
　　　　　約共一萬八千元

決議：關於上海黨務訓練所成立經過呈報中央國民政府
　　　　並附該所預算，請飭財政部照撥，並推褚同志民
　　　　誼說明一切。

（二十七）白委員崇禧提議派員督促上海教育委員會趕
　　　　緊籌備中山大學

決議：請中央教育行政委員會規定上海為特別市大學
　　　區，趕緊籌備中山大學。

第三十三次會議

十六年六月十四日

在上海新西區

出 席 委 員：楊樹莊（李景曦代）　吳忠信　張性白
　　　　　　　郭泰祺　楊杏佛　陳其采（沈澤春代）
　　　　　　　潘公展

臨時代理主席：郭泰祺

記　　　　錄：徐佩璜

（甲）報告事項

（一）福建閩侯縣黨部籌備處為漢口偽政府將已收回之
　　　漢口租界讓還列強請一致聲討代電一則

存。

（二）揚子江技術委員會接收改組委員會（一）呈稱該
　　　會第六次會議推定奚定謨等五人接收揚子江技術
　　　委員會待移交清楚再行呈報請鑒核備案由（二）
　　　呈報該會自行刊用木質方印即日啟用黏附式樣請
　　　察核備案由

呈悉，此批。

（三）上海宣傳分會函復英兵強姦華婦案已通知市黨部
　　　等宣傳機關一致宣傳抗議矣請查照

存。

（四）上海黨務訓練所長潘宜之呈報奉中央執行委員會
　　　電令該所直隸中央執行委員會請察核由

存。

（五）淞滬衛生局長劉緒梓呈報與獸醫易文治交涉經過及
　　　令其暫照原訂契約繼續擔任職務緣由請予鑒核由

呈悉，此批，並函衛生委員會查照。

（六）中央政治會議真電開分會委員歐陽格同志呈請辭
　　　職經本會一〇四次會議議決照准除電復歐陽同志
　　　外特此電達請煩查照

存。

（七）上海黨務訓練所長潘宜之呈復奉到印信兩方遵於
　　　本月十五日正式啟用除呈報中央外請察核

呈悉，此批。

（八）國民革命軍二軍宣慰使署函報該署辦公地址請飭
　　　屬查照

存。

（九）上海教育委員會函復交辦前南洋大學校長凌鴻勛
　　　呈一件經議決呈請中央教育行政委員會核辦請查
　　　照由

存。

（十）上海縣長邵樹華呈報特別市清黨委員會借該署房
　　　屋辦公請鑒核備考由

呈悉，此批。

（十一）中央政治會議函復南洋大學委員李範一呈請轉
　　　　懇中央遴派正式校長一案經議決交教育行政委
　　　　員會及交通部協議與李範一呈報接收經過等情

　　　　形併案辦理希查照

照復李範一。

（十二）上海市船業工會第四分會呈報公舉委員及啟用
　　　　鈐記請鑒核備案由

轉特別市黨部。

（十三）上海黨務訓練所所長潘宜之灰電稱本月十四日
　　　　行開學典禮請派員訓辭由

推郭同志復初代表本會前往上海黨務訓練所致訓辭。

（十四）交通部電政司司長兼充電政總局督辦吳承齋函
　　　　陳受委兼職並接事日期請查照由

存。

（十五）江蘇省政府函復交辦南匯公民吳秉鈞呈控該縣
　　　　科長張陶仁瀆職殃民案曾據該公民分呈到府當
　　　　經轉令民政廳澈究並批示該公民各在案請查照

存。

（十六）淞滬警察廳長吳忠信函復飭辦閘北五區商聯會
　　　　呈請勒令長春路餘慶坊業主李經邁拆除總弄牆
　　　　垣以保主權一案業經函轉交涉公署據理力爭在
　　　　案一俟復到再行陳明由

存。

（十七）江蘇交涉公署函覆英兵強姦備婦案正在彙齊各
　　　　公團函件討論依法預備進行請查照由

存。

（十八）上海市絲邊公會第三分會呈報自五月九日起改

用新鈐記請鑒核由

轉特別市黨部。

（十九）上海菸酒公賣局局長朱大經呈報受委接鈐任事
　　　　日期請鑒核查考由

呈悉，此批。

（二十）江蘇交涉員郭泰祺呈報二件（一）奉令查封傅
　　　　逆宗耀財產一案已令飭法租界會審公廨由該廨
　　　　函知法領查明發封請鑒核（二）奉令緝究專事
　　　　反動宣傳之雷逆鳴夏一名已由法租界會審公廨
　　　　函知法領飭令捕房一體嚴緝請鑒核

呈悉，此批。

（二十一）中華國貨維持會呈報組織經過檢送章程名單
　　　　　等件請核准備案

登冊候交市政府。

（二十二）蔣總司令批為大綸紗廠經理楊學賚等被趙步
　　　　　瀛等誣控已押解無錫本會函請查照辦理一案開
　　　　　函悉既據十四軍軍部候該軍部核辦可也此批

照復楊學賚。

（二十三）淞滬警察廳長吳忠信呈報二件（一）呈報關
　　　　　於秦志康呈請取締租界當典重利病民案前後
　　　　　辦理情形附由交涉署轉來法公董局執照一紙
　　　　　請鑒核施行由（二）呈報遵函辦理上寶兩縣
　　　　　押鋪經過情形並稱俟上海縣商會等核議辦法
　　　　　覆到後再行呈報請鑒核施行由

存（原呈登新聞）。

（二十四）東前政治部主任陳羣函覆令飭太倉縣查復第
　　　　　四中學畢業同學會朱國祥等呈報少數共產分
　　　　　子任意破壞母校及該校離校同學會沈志昂呈
　　　　　控校長章欽亮把持校務窮事摧殘雙方互訐一
　　　　　案辦理情形除批斥沈志昂外請查照由

存。

（二十五）江蘇交涉員郭泰祺呈稱奉令查封傅逆宗耀財
　　　　　產一案經准上海臨時法院復稱已轉行工部局
　　　　　警務處遵照辦理一俟復到再行另達特先函達
　　　　　請查照由

存。

（二十六）楊思鄉小學教員聯合會函陳成立經過附章程
　　　　　及宣言各二份請察核備案由

登冊候交市政府。

（二十七）上海新聞記者聯合會呈報組織緣由附具章程
　　　　　及職員名單請予立案

登冊候交市政府。

（乙）討論事項

（一）南匯真光義務學校盧逸雲等呈請令行東前政治部
　　　遵照中央政治會議議決案迅即收回成命以維教育
　　　並懇議決法辦由

決議：轉東路軍前敵總指揮部政治部。

（二）上海成衣業工會十三幫代表朱憲章等呈稱施積山
等朋比為奸侵占軒轅公所組織蘇滬寧成衣工會請
將該會令飭解散並將施積山周瑞昌唐承明拘案法
辦以儆不法並指令全滬成衣工會正式成立由（附
以前佈告並損失單各一紙）

決議：交警廳查辦。

（三）江蘇兼上海財政委員會函稱據崑太稅務所長袁慶
萱呈報本月六日在滬勸募二五庫券被住居成都路
輔安里郭輔庭捏報英捕房派探非法逮捕經友人代
延律師保釋等情該郭輔庭殊屬有意破壞革命工作
損害國體請迅令臨時法院將郭輔庭嚴拿到案法辦
以重風紀而維國體由

決議：飭臨時法院嚴拿郭輔庭到案訊辦並派員調查該逆
各地財產。

（四）甲、上海寶山縣保衛團第一團呈請將該團經費提
案公決令飭滬北工巡捐局總捐項下充量撥給以維
治安由（附收支預算書人員一覽表各一份）

決議：候交市政府辦理。

乙、上海寶山閘北各商號呈請令飭滬北工巡捐局
將閘北保衛團經費列入預算於總捐項下提款撥給
以重保衛而安人心由

決議：仝前。

丁、上海寶山閘北各公團呈請將上寶兩縣保衛團
第一團（即閘北保衛團）經費函轉滬北工巡捐局

於總捐項下提款如數撥給以重保衛而維公安由

決議：仝前。

（五）甲、左剛常呈稱條陳華界上寶兩縣押當違法病民請切實取締廢除一百五十丈距離之壟斷以減少流弊由

決議：一百五十丈距離之陋規明令取銷。

乙、東路軍前敵總指揮部轉黨員郁警宇條陳上寶押鋪惡劣情形請查封以甦民生由

決議：交警廳併案辦理。

丙、郁警宇呈稱奸商慾壑難填請將翁耐圃等所設押鋪下令封閉罰辦以裕餉源而留紀念請公決由

決議：仝前。

（六）淞滬警察廳長吳忠信呈復飭查閘北虬江路德榮里房客自治會代表嚴莘農呈請房主豁免二三兩月房金一案經查明該里慘遭損害實與義品里鼎元里等處相同請核議令遵再閘北火災各戶聯合會呈一件候查明候另呈（附繳原呈一件）

決議：准予豁免二、三兩月房租，由警廳飭知可也，此批。

（七）上海教育委員會函復沈嗣良呈控學聯會造誣登報傾陷一案經該會議決照該會取締教育界反動分子宣言辦理請察核由

決議：函學聯會及沈嗣良按教委會宣言此案不在取締範圍之內

（八）上海教育委員會函復上海大學學生會呈請速行履
行議決按將上海法政兩大學合併改組中山大學經
該會議決與本會原案不符該會所請根本不能成立
請鑒核

決議：照復上海大學學生會。

（九）揚子江技術委員會接收該組委員會呈報接收情形
並請咨行外交財政兩部令行總稅務司或令上海稅
務司迅將該會測量經費每月貳萬六千四百元如數
撥交該會以利進行又稱該會賬項現存一萬六千餘
元駐滬委員巡港司赫爾門及濬浦局工程師延不交
出請令行該委員等剋日移交以清手續由

決議：准如所請辦理。

（十）上海市金銀工會第一分會函陳受資方壓制呼籲無
門將經過事實臚列冤單分電外請派專員秉公調解
（附冤單兩紙）

決議：轉特別市黨部。

（十一）甲、東路軍前敵總指揮部政治部函請二件（一）
函送淞滬警察廳政治部原預算一冊請准予按月
指撥（二）函請將淞滬警察廳政治部預算准予
加入該廳預算案內並飭遵照以便由該廳向江蘇
財政廳具領轉發

決議：轉總政治部核示。

乙、淞滬警察廳政治部主任冷欣呈報該部經費尚
未確定請轉呈中央政治會議指定撥發由

決議：仝前。

（十二）上海教育委員會函復二件（一）浦東中學校主
楊張氏呈請一件經該會議決俟查賬員報告後核
辦（二）浦東中學校教職員會主席張仲友呈請
一件經該會議決在查賬期內由該校原有教職員
暫行維持併請查照由

決議：照覆該校教職員。

（十三）上海特別市臨時執行委員會函轉商民部提出上
海各房客聯合會未經核准擅自挨戶收費應設法
取締案經該會議決請本會嚴密查明取締由（附
原案及證據三紙）

決議：飭警廳嚴密查明取締並具復。

（十四）揚子江技術委員接收改組委員會函請本會撥開
辦費貳百元

決議：照撥。

（十五）北南林里天保里房客聯合會呈稱地臨戰線損失
較巨請諭房東減成收租以紓民困由

決議：交警廳查覆。

（十六）江蘇特派交涉員郭泰祺函請於宣傳委員會餘款
壹千元內撥還代墊該會國際事務所薪水等類洋
七百二十四元六角五分由（附清單一紙）

決議：照准。

（十七）夏澄清呈請宣示廢除水爐業行規由

決議：交警廳與前案併案辦理。

（十八）東路軍前敵總指揮部政治部來函二件（一）函
　　　　轉黨員郁警宇呈控本埠翁耐圍陸少雲等包辦典
　　　　業重利盤剝請查照辦理（附原件）（二）函復
　　　　武進縣商會等電保劉叔裴楊學賚案已轉請總司
　　　　令部特別軍法處查照辦理矣請查照

決議：（一）與第五乙項併案辦理（二）與報告第廿二
　　　　項同復楊學賚。

（十九）胡明復請准與辭去上海教育委員會委員職由

決議：慰留。

（二十）上海特別市黨部轉來江灣股九股十一圖被圈地
　　　　畝業戶聯合會控土豪張濟瀾強迫圈購民田變作
　　　　洋商拍球場請從嚴懲辦由

決議：飭警廳會同寶山縣與本會第三十二次會議交辦案
　　　　併案辦理。

（二十一）實業團體條例起草委員會函送規則一份請予
　　　　　核准施行並請頒發鈐記由

決議：通過。

（二十二）上海衛生委員會函復中醫公會立案事經該會
　　　　　討論有三點不妥以不與備案為宜請鈞裁由

決議：登冊候交市政府。

（二十三）上海蒲淞區農民協會呈稱該會等推舉劉志濂
　　　　　等三人接收蒲淞市公所請本會飭上海縣縣長
　　　　　令飭該鄉鄉董顧孝清尅日移交由

決議：不准並申斥。

（二十四）上海商業聯合會委員會主席虞和德王震吳蘊
　　　　　齋呈為上海工會組織統一委員會與商民協會
　　　　　爭執會員一案發表意見請發交實業團體條例
　　　　　起草委員會於起草時加以容納由

決議：交實業團體條例起草委員會。

（二十五）上海裘業公所呈稱擬於五月十三日乘在該公
　　　　　所舉行祀神同業群集之會勸同業開市請諭令
　　　　　工會統一會轉飭該裘業職工會先期遷讓會所
　　　　　飭公安分署派警保護以維商業由

決議：存。

（二十六）上海縣長邵樹華呈據該縣救火聯合會呈報該
　　　　　會議決六月十九日開職員大會改訂章程並公
　　　　　祭已故會員及參加北伐勝利大會六月二十四
　　　　　日開選舉委員會懇予轉呈備案等情請鑒核令遵

決議：准予備案。

（二十七）上海特別市黨部轉三區黨部請本會查辦縣立
　　　　　第五小學校長陸培源劣跡多端由

決議：交教育委員會。

（二十八）上海各團體反對日本出兵來華運動委員會函
　　　　　請捐助該會經費由

決議：捐洋壹百元。

（二十九）決議：密令臨時法院迅速查封傅逆宗耀財產或
　　　　　提取股東名冊查辦（附傅逆財產一覽祥大源五
　　　　　金店（百老滙路）中國通商銀行（四馬路外

　　灘）招商局（仝上）寧紹公司通商信託公司漢
　　冶萍公司同孚路大中里房產霞飛路住宅）
　　又通告各機關各商民凡傅逆財產自通緝之日
　　起一切過戶轉賣一律無效
（三十）楊委員杏佛潘委員公展提議令交涉公署轉飭臨
　　　時法院及法公廨查封辣斐德路（薩坡賽路口）
　　　之著名反動前江蘇省教育會臨時辦公處中華職
　　　業教育社之社所並提取省教育會案卷契據交省
　　　教育協會保管
決議：通過，並函省政府、省教育協會、省黨部教育廳
　　查照。

（丙）審查事項：無
（丁）處理事項
（一）沈元等呈請保送市政府任用由
存。
（二）國民革命軍二十六軍政治部主任陳羣呈報就職宣
　　　誓日期（六月十一日）附呈請帖一紙代表證一枚
　　　及入場券十張請派員訓話或派代表出席
已由郭委員批派方秘書出席。

中央政治會議上海臨時分會佈告第十七號

為佈告事，案據左剛常呈稱條陳華界上寶兩縣押當違法
病民，請切實取締廢除一百五十丈距離之壟斷行規，以
減少流弊等情，經本會第三十三次會議議決照准。所有
一百五十丈距離之病民陋規，即日明令取消。為特佈告，
仰商民人等一體知照，此佈。

中華民國十六年六月十五日

中央政治會議上海臨時分會佈告第十六號

為佈告事，查傅逆宗耀罪大惡極，業經本會嚴令通緝，
該逆財產並經分會查封各在案。自通緝之日起，所有該
逆財產如有過戶轉賣等情事，一律無效。特此佈告，仰
各界一體知照，此佈。

中華民國十六年六月十五日

第三十四次會議

十六年六月十七日上午十時

在上海新西區

出 席 委 員：陳其采（沈澤春代）　張性白　潘公展

　　　　　　吳忠信　楊樹莊（李景曦代）　郭泰祺

　　　　　　楊杏佛　蔣尊簋　白崇禧（潘宜之代）

　　　　　　褚民誼

臨時代理主席：郭泰祺

記　　　　錄：徐佩璜

主席恭讀總理遺囑，全體肅立。

（甲）報告事項

一、淞滬衛生局長劉緒梓呈報該局招商投標承運各區垃
　　圾緣由附辦理章程二份請鑒核施行

呈悉，此批，並函衛生委員會查照。

二、上海絲邊業公會第四分會呈報由工會統一委員會頒
　　發鈐記正式辦公請予備案

轉特別市黨部。

三、上海醫師公會呈報改組經過附呈會章會員錄各一份
　　請准予立案

登冊候交市政府。

四、清查整理招商局委員會函復關於上海特別市黨部函
　　轉江永輪船被難家屬呈請撫卹一案已函囑董事會從

優撫呷矣請查照

照復特別市黨部。

五、南匯縣長鍾緯組呈復令查該縣楊重新等呈控劣紳張
贊唐毒害地方等情一案派員調查情形請鑒核

呈悉，此批。

六、崇海旅滬紳商聯合會寒代電稱昨閱報載通崇海旅外
黨員對於陸冲鵬陸械人通電一則殊深駭異今亟電呈
梗概請鑒察

存。

七、上海教育委員會函稱務本女校校長物色人才一案經
該會議決俟市政府成立由教育局辦理請鑒核飭知

照復上海縣。

八、上海教育委員會呈復上海特別市小學教師聯合會總
要求十五條經該會議決俟市政府成立由教育局辦理
請鑒核飭知

照復小學教師聯合會。

九、中國道教總會執行委員沈璣等呈稱組織道教總會請
予備案附章程及委員履歷

不理。

（乙）討論事項

一、南京市商民協會呈為陳述工商劃分意見請予審定商
民條例採擇由

決議：交實業團體案例起草委員會。

二、上海特別市黨部二區十七分部呈轉黨員鄭賢昌函陳
　　交易所賣買成單應貼用印花請裁奪示遵並通令全市
　　交易所一體遵照

決議：交上海財政委員會核奪。

三、浦東業主聯合會呈稱房租發生問題業主劇受損失請
　　迅頒辦法切實施行

決議：飭警廳妥籌辦法，呈復核辦。

四、童維和等呈控上海遊民模範工廠橡皮廠主任新益合
　　記公司協和字號經理胡金來虛報貨價營私舞弊請調
　　取該經理私造簿據按法懲辦

決議：交警察廳查辦。

五、南通縣黨部籌備會呈請明令停止徵收畝捐及籌防會
　　費以舒民困附報紙一張

決議：轉省政府。

六、上海碼頭工會第六分會呈報包工頭目陳光甫畏罪遠
　　颺小包陳友記仍盤踞碼頭照常工作請一併取消改歸
　　工會承辦

決議：聽候滬寧路局長示遵可也，此批。

七、久泰美記營造廠代表楊湘泉呈稱該廠承造江灣上海
　　大學校舍造價洋七萬一千五百元該校尚欠造價一萬
　　〇五百元又欠添造平屋及修路費洋二千一百四十元連
　　同該廠墊借之款三宗計共三萬一千六百四十元乃該校
　　被封該校當局現在無款清償請俯念商艱飭該校將餘欠
　　清還或啟封該校以便委造人設法補償祈予示遵

決議：仰候查明核辦。

八、上海臨時法院院盧興原請收回法公廨以一事權

決議：轉外交部。

九、上海特別市黨部東路軍前敵總指揮部政治部中央宣
　　傳委員會上海分會函請酌籌慶祝北伐勝利大會臨時
　　費三千元即日撥交該部等具領

決議：撥給一千元並復。

十、教育委員會函復夏元瑮辭接收同濟大學職務並該校
　　校務維持會呈報經費支絀請委新校長負責一案經該
　　會議決由本會所派原有維持委員前往行使職權

決議：著孟心如、許陳琦迅速前往接收。

十一、上海教育委員會函陳該會委員張知本辭職並推彭
　　　介石同志自代請察核辦理

決議：照准。

十二、永安公司職工會呈請准予立案並稱上海工會統一
　　　委員會偏袒永安資本家組織之協進會壓迫職工並
　　　加誣蔑懇為照雪

決議：（一）立案事候交市政府（二）昭雪事轉市黨部
　　　查核辦理。

十三、先施公司職工會呈請准予立案並稱上海工會統一
　　　委員會偏袒該公司資本家所組織之職工協會壓迫
　　　職工並加誣陷仰懇昭雪

決議（一）立案事候交市政府（二）昭雪事轉市黨部查
　　　核辦理。

十四、國民革命軍魯南第一師司令部函陳三件（一）函陳該部現擇定閘北寶通路三七三號為臨時辦公處（二）函陳現擇定斜橋麗園路四號為該部第一二旅臨時辦公處請查照備案（三）函陳該師師長吳希白副師長梁園奉委就職日期請查照

決議：轉東路軍前敵總指揮部辦理。

十五、羅世雄代理律師楊凜知張嘉惠呈稱日探私擅逮捕違反國際公法請求提出抗議嚴重交涉附抄歸化許可執照一件

決議：交交涉員。

十六、嘉南養魚場主朱方杰呈報該場創設經過並稱絕無易名頂替等情頃見報載本會討論事項中列有陳店鄉董錢文紳等呈稱興華墾牧漁業公司地產無故啟封原名改稱嘉南養魚場顯係含沙射影請訓令嘉定縣查案核辦以明主權

決議：飭嘉定縣秉公查復。

十七、東前總政治部主任陳羣函據淞滬警察廳政治部主任冷欣呈報目下經濟困難情形除分函請財廳撥付警廳領撥外請查照一萬元原案中尚未領到之七千元迅轉江蘇財政廳如數照撥

決議：候總政治訓練部函復辦理。

十八、甲、江蘇兼上海財政委員會函復浦江船捐稅准由安祺承辦所有稅款已函送市公所查收矣請查照

決議：見乙、丙。

　　　乙、安祺呈稱奉江蘇兼上海財政委員會令備具稅
　　　捐尾款三百元前往市公所繳納詎該公所蔡會計拒
　　　不收受並稱該公所與談桂香訂定二年合同權在公
　　　所豈容政治分會財政委員會輕易干涉等因顯係破
　　　壞整理蘇省財政大政方針且向來辦理稅務未聞訂
　　　立合同者請令飭該公所遵照本會原案辦理並函財
　　　政委員會加給委狀以保政令

決議：見丙，並函上海財政委員會加給委任狀。
　　　丙、江蘇兼上海財政委員會函陳關於安祺承辦浦
　　　江船隻稅案茲復據市公所總董李鍾珏摺呈浦江船
　　　只稅礙難由安祺接收緣由惟該會查安祺比額已超
　　　過談桂香承包之數究應如何辦理請察奪見復附抄
　　　李總董原件

決議：傳令申斥，並著該公所迅速遵照本會決議案及江
　　　蘇兼上海財政委員會決議案辦理，飭談桂香即日
　　　移交安祺承辦，毋得抗違，稍延致干未便。

十九、桂崇基函辭接辦政治大學職務請照准

決議：照准。

二十、上海特別市黨部青年部函據震旦大學學生會呈請
　　　取締反革命之巢穴震旦大學並通令各報不准揭載
　　　該反革命分子之廣告及文字

決議：轉教育行政委員會。

二十一、決議：函請中央教育行政委員會統籌收回教會學
　　　　校辦法。

二十二、愛克界三路房客聯合會呈稱該路房客受鐵絲網之
　　　　包圍請援照災區免租辦法函知臨時法院諭令各該
　　　　處房主豁免二三兩月房租由

決議：不理。

二十三、潘宜之同志列席報告上海黨務訓練所籌備經過及
　　　　經費困難情形

決議：電請中央迅予撥給上海黨務訓練所經費，以利進
　　　行而維威信。

二十四、蔡元培蔣夢麟函稱本會查封省教育會誤將職業教
　　　　育社列入查職社並非省教育會附屬機關歷年辦理
　　　　成績極好請為保護請祈示復

決議：前江蘇省教育會臨時辦公處在辣斐德路四三八號門
　　　牌，本會令交涉員轉知法公廨查封者即係指此而
　　　言，職業社並不在被封之內，前因該省教育會辦公
　　　處曾設在該社致有此誤，現經查明，應予更正。

二十五、馬季洪函稱公立上海醫院庸醫孔多貽誤非淺瀝陳
　　　　該民經過情形請察照

決議：交衛生委員會查復。

二十六、上海特別市商民協會籌備委員會呈請擴大實業團
　　　　體條例起草委員會允准各實業團體代表共同參加

決議：僅可陳述意見。

二十七、決議：加推楊端六、王岫盧二先生為實業團體條
　　　　例起草委員會委員。

二十八、決議：開具本會秘書處職員姓名、職務、履歷移

送淞滬特別市政府，請黃市長分別任用。

二十九、 陳委員其采代表沈澤春提議華洋義振會組織成立
業經四五載而對於防災種種設施迄未見諸實行且
會中款項來源與外人無關而會務反為外人所主持
當此國帑空虛籌款不易之際若將此任外人支配之
鉅款移作江浙水利之用善莫大焉請本會派員澈查
接收加聘水利專家組織委員會辦理江浙水利事宜
請公決

決議：轉呈中央辦理。

（丙）審理事項：無

（丁）處理事項

一、黃埔同學會上海支會執行委員會函陳本月十六日下
午一時在閘北更新舞台開成立大會請派代表與會指
導一切

存。

秘書處辦事細則

一、秘書處之辦公時間，除本會辦事細則規定外，逢星
期日或例假，由秘書長依次指定值日人員一人。

二、秘書長因事不能到處辦公時，對外由交際秘書代表
一切，對內由總務秘書及文書科主任負責處理一切。

三、每次會議議決案文稿須於十八小時內擬定，送請常
務委員簽閱。電報及緊要函件不在此例，已簽字之

文稿立即繕發，由文書科主任負責校對，交監印書記蓋印以專責成。

四、密電及密件由秘書長或文書科主任處理及保存之。

五、已蓋印之件交收發員登記掛號，然後飭役迅送。

　　甲、郵遞各件平信由差役劃押交局。

　　乙、掛號郵件及快信之收條由收發員貼存發文簿，以便稽查。

　　丙、信差專送各件須編號登簿，由收信人蓋章，逐日交收發員查對。

六、送會文件由收發處隨到隨送，收發員登冊然後交書記摘由，以免遺失。星期日及例假則由值日員登冊。

七、已摘由各件由書記逐日彙交秘書長批閱，送請常務委員簽字，再排入議事日程以待公決，藉省時間。各委員臨時交議及秘書處不及請常務委員簽字各件不在此例。

八、議事錄由秘書長編定，送請主席委員簽字。

九、議事錄每一星期或二星期分送各委員、中央政治會議及總司令一次。

十、議事錄之印刷校對分送，由編繕主任負責辦理。

十一、其他油印、排印各件，亦由編繕科主任會同文書科主任秉承秘書長負責辦理。

十二、本會發表之文件及新聞，經常務委員及秘書長圈定者，由指定之錄事負責抄送通訊社或報館。

十三、本會發表之新聞由指定之錄事一人負責取各報查

對，如有差誤，即行更正。

十四、各報所載之新聞如有關於本會者，亦由指定之錄
　　　事一人逐日裁下，註明日期及報名，依次存簿以
　　　便查考。

十五、本會卷宗及議事錄原本，由文書科主任點齊保存。

十六、本會印刷品由編纂科主任點齊保存。

十七、卷宗歸檔由秘書長指定二人辦理之。

十八、本會器具及一切物件，由總務秘書與庶務科主任
　　　購置及保管。

十九、秘書處各項預算決算帳目，每一星期或四星期由
　　　總務秘書編定，送請常務委員檢閱，並按月編製
　　　決算呈報委員會。

二十、秘書處僱傭及停歇僕役，由總務秘書負責辦理。

二十一、秘書處飯食及宿舍清潔事宜，由庶務主任隨時
　　　　稽查以重衛生。

二十二、本細則有未盡事宜處，得隨時增減之。

秘書處分組辦法擬定如左。

秘書長　　　　徐佩璜

文牘秘書　　　徐佩璜

總務秘書　　　林仲川

交際秘書　　　方思九

文書科主任　　周平瀾

書記　　　　　朱有恒

錄事　　　　孫景陽　陳笏書　陳彙進
編繕科主任　郭槑興
錄事　　　　張孟傑　陳千里
會計科主任　林仲川
庶務科主任　孫景陽

第三十五次會議

十六年六月二十一日上午十時

在上海新西區

出 席 委 員：楊樹莊（李景曦代）　褚民誼　楊杏佛

　　　　　　　蔣尊簋　吳忠信　白崇禧（潘宜之代）

　　　　　　　郭泰祺　張性白

主　　　　席：楊樹莊（李景曦代）

記　　　　錄：徐佩璜

（甲）報告事項

（一）上海市碼頭裝卸挑扛工會呈請備案並稱本月十九
　　　日上午十時開成立大會屆時請派員蒞會指導由

備案事候交市政府。

（二）東前政治部函稱據上海市海員工會第一分會呈報
　　　組織成立暨選舉情形轉知本會查照由（附該會原
　　　呈一件）

登冊候交市政府。

（三）上海輪船碼頭勞工互助會呈報組織就緒請予備案由

登冊候交市政府。

（四）復陞公棧代表人向松坡等呈報該棧組織內容請予
　　　備案由

登冊候交市政府。

（五）海關華員聯合會呈報組織經過請予備案由（附章
　　　程一份）

登冊候交市政府。

（六）淞滬警察廳政治部主任冷欣呈轉第六區政治指導
　　　員王海呈轉上海特別市蒲淞區王家寺保衛團常務
　　　委員陳蘭卿呈報該團重行組織經過情形附呈原件
　　　二件請察核備案由

登冊候交市政府。

（七）上海縣長邵樹華呈轉上海市海員工會第一分會成
　　　立日期及選舉執行常務委員經過情形除分呈江蘇
　　　省政府並批示外請察核示遵由

登冊候交市政府。

（八）上海衛生委員會呈報啟用鈐記日期請備案由

呈悉，此批。

（九）浙江省政府建設廳函稱本會商會法如已訂就請寄
　　　下一份以資考鏡由

復尚未脫稿。

（十）上海市碼頭工會第七分會呈報該會改組情形並啟
　　　用鈐記請鑒核由

轉特別市黨部。

（十一）上海縣縣長邵樹華呈報縣警截獲南滙縣贓盜附
　　　　截獲失贓清單一紙請鑒核存查由

呈悉，此批。

（十二）上海教育委員會函復交議上海法科大學請示該
　　　　校畢業文憑貼用印花手續案已經該會議決暫照
　　　　舊有法規辦理

照復法科大學。

（十三）江蘇建設廳函復通崇海花業公所等呈整頓棉業
　　　　辦法六條到廳請轉知該公所候該廳通盤籌畫另
　　　　訂取締方法再行令遵

照覆通崇海花業公所。

（十四）浙江省政府函覆轉去江浙絲綢機織聯合會代電
　　　　請切實保障江浙絲織以維工商業俟有具體辦法
　　　　再行詳覆請查照由

照覆江浙絲綢機織聯合會。

（十五）雲南臨時省政府執行委員會微代電稱該會早經
　　　　籌備成立特派李培天張祖蔭兩代表就赴中央陳
　　　　述之便順道考察各處黨務到達時請予以接見指
　　　　導由

存。

（十六）國民革命軍第十五軍第二師政治部主任陳常健
　　　　支電就職宣言一則

存。

（十七）中央政治會議函開分會預算表二份已分別存轉
　　　　矣又分會預算總數原列壹萬五千二百元本會議
　　　　致財政部函照錄無訛電碼轉輾錯誤於事實無關
　　　　合併附聞

存。

（十八）江蘇省政府函稱本會據奉賢縣公民胡家驤等呈
　　　　訴松場水陸巡緝局稽查擾累轉省政府辦理一案

　　　　已轉令松江運副查核辦理希查照由

照復胡家驥等。

（十九）中華職業教育社呈稱本會第三十三次會議議決
　　　　令飭上海臨時法院及法公廨查封辣斐德路之著
　　　　名反動前江蘇省教育會臨時辦公處及該社社址
　　　　惟該社不知此次查封係因反動抑因查封江蘇省
　　　　教育會所牽及敬祈查明性質將連帶查封之該社
　　　　令迅予更正並知照執行各機關認清辦理

呈悉，本會三十三次會議議決明令查封之著名反動前江蘇
省教育會與中華職業教育社無關，業經本會第三十四次會
議議決申明，並令知交涉公署各在案。該社所稱各節，應
毋庸議，仰即知照，此批。

（二十）上海縣長邵樹華呈覆傅宗耀在滬經商向居租界未
　　　　便前往調查其他各市鄉區經派員一再探詢無從
　　　　查知請鑒核由

呈悉，此批。

（二十一）臨時法院院長盧興原呈覆查封傅宗耀財產辦
　　　　　理經過情形請鑒考由

呈悉，此批。

（二十二）淞滬警察廳函稱據上海市浦西碼頭裝卸挑扛工
　　　　　會呈請備案轉本會審查見覆由（附該公會原
　　　　　呈一件）

登冊候交市政府。

（二十三）上海市教育協會呈稱奉省教育協會之委託組織

該會於五月二十二日開成立大會票舉魏冰心
等九人為執行委員並畫定全市區域六月十六
日啟用省教育協會頒發之鈐記附呈該會宣言
章程及執行委員名單請核准備案由

登冊候交市政府。

（二十四）淞滬警察廳函稱飭查蒲淞區北新涇保衛團第五
　　　　　支團獨立一案經令飭北新涇六區一分駐所調
　　　　　查茲據復稱第五支團人數已達三十餘人尚有
　　　　　獨立性質請查照由

准予備案。

（二十五）李景林咸電稱於本月十五日在南京就直魯軍
　　　　　招撫使職由

存。

（二十六）淞滬警察廳函復飭辦上海成衣業公會十三幫
　　　　　代表朱憲章等呈請解散蘇滬寧成衣工會一案
　　　　　查是案已由工會統一委員會負責辦理雙方不
　　　　　致再有爭執請查照

存。

（乙）討論事項

（一）順昌機器廠經理王順生呈請決議轉催海軍總司令
　　　部准將扣留輪船移交法院拍賣清償修費以紓工困
　　　由（附二件）

決議：請海軍總司令部查復核辦。

（二）上海衛生委員會函稱該會據前淞滬衛生局衛生委
　　員汪企張報告汪委員責祗條陳權無實柄而當時衛
　　生局取締醫生並未照章考試濫給職照致起群疑於
　　自身人格攸關請澈底查明等因是否應由該會派員
　　調查真相請核示祗遵由

決議：令衛生委員會澈查以明真相。

（三）揚子江技術委員會接收改組委員會呈稱北京偽政
　　府所派該會委員楊豹靈等電囑駐滬洋委員赫爾門
　　等抗不移交請通緝懲辦由（附原電英文及譯文各
　　一件）

決議：呈請中央政治會議明令通緝楊豹靈到案訊辦。

（四）上海各路商界總聯合會呈請本會准該會及農工各
　　界參與本會實業團體條例起草委員會或先由該會
　　及農工各界擬具各該項條例及法案草案呈請採擇由

決議：復祗可條陳意見。

（五）江灣股九段十一圖被難地畝業戶聯合會銑代電請
　　迅將張晉峰提案嚴懲以平民憤由

決議：飭該會逕向法庭起訴。

（六）上海特別市黨部轉黨員郁警宇請封閉上寶押鋪原
　　卷一宗

決議：飭警廳併案辦理。

（七）杜慶記呈稱滬北工巡捐局投標工程徇私壟斷請飭
　　查秉公核辦由

決議：仰逕向法庭依法起訴可也。

（八）上海教育委員會函稱關於國立政治大學維持委員
事經該會議決桂崇基同志尚未就任周鯁生同志又
宣告辭職應呈請中央教育行政委員會派員接管請
鑒核由

決議：轉中央教育行政委員會。

（九）交涉公署呈稱震旦大學定本月二十五日舉行畢業
考試應否依照前例派員蒞場監試請鑒核示遵由

決議：呈悉，已由中央教育行政委員會推褚委員民誼前
往監考矣，此批。

（十）郭泰祺函稱因職務繁賾請辭去接收改組揚子江技
術委員會委員職並推薦過養默君為該會委員請決
議飭遵由

決議：慰留。

（十一）前滬北興市公共汽車公司總理佘漢廷呈稱重組
滬真長途汽車公司請求核准備案應繳車照等費
若干乞令示祗遵由

決議：登冊候交市政府核算。

（十二）二十六軍政治部主任陳羣呈轉滬北五區商業聯
合會正會長范鵬等呈稱閘北長春路餘慶坊業主
李經邁藉口時局不靖將該坊總衖里門築牆堵塞
並私僱外兵守護斷送國土主權祈迅予飭傳李經
邁到案從嚴懲辦並撤除堵塞以重主權轉請本會
察核辦理由

決議：交警廳與前案併案辦理。

（十三）上海臨時法院院長盧興原呈復逐出租界之判決
　　　　係為協定所拘束欲達取消目的當從外交方面直
　　　　接與領事團交涉請令江蘇交涉員向駐滬領袖領
　　　　事交涉要求變更協定俾資遵守請酌核辦理由

決議：飭交涉員核復。

（十四）上海特別市房客總聯合會呈稱據滬北區房客聯
　　　　合會呈報閘北四區二分署轄境居民當奉魯軍盤
　　　　踞閘北時受損至鉅請豁免二三兩月房租以恤災
　　　　黎請本會俯允所請並飭警廳出示曉諭房東遵辦由

決議：飭警廳查復。

（十五）梁紹文呈稱市儈投機褻瀆總理遺像請分別查禁
　　　　取締由

決議：交中央宣傳部駐滬辦事處從嚴取締。

（十六）嘉定奚汝梅呈稱陸友白假政治監察員名義侮衊
　　　　該縣第三科長周兆熊請澈究由

決議：交東路軍前敵總指揮部政治部。

（十七）上海市金銀工會第一分會呈稱資本家席雲生與
　　　　調解員吳蒼狼狽為奸推翻協約瀝陳經過事實並
　　　　附冤單一件請鑒核令遵由

決議：轉特別市黨部。

（十八）浦東中學校主楊斯盛髮妻楊張氏呈稱上海教育
　　　　委員會處理浦東中學校違反捐建人意志將學校
　　　　管理權付與主張變更浦校性質之教員饒乃誠等
　　　　（饒係曾為清黨以前之上海特別市黨部委任接

收浦校委員五人之一）請迅予糾正再上次舊校
董會自行解散自動改組時曾呈奉本會批交教育
委員會經該會議決該校董會應否改組俟查帳後
解決在案現查賬結果迄未宣佈乞速令該會將查
賬情形公佈如有弊竇應請本會轉飭司法官廳查
封該校董等私產充償一面由該氏另組新校董會
呈報備案除呈中央教育委員會外瀆呈鑒核由

決議：候中央教育行政委員會核示。

（十九）揚子江技術委員會接收改組委員會呈稱於本月
七日由張一鳴等五委員前往接收並查揚子江水
利技術委員會為中央直轄機關應請本會轉報中
央政治會議核准加委由

決議：呈請中央政治會議加委。

（二十）姜琦函稱因事離滬所有上海教育委員會委員職
請大會准予辭去由

決議：慰留。

（二十一）決議：通告本市各商會及各公司，如有傅逆
宗耀股份及產業，限於兩星期內分別呈報上
海臨時法院及淞滬警察廳、上海縣，轉報本
會。如有幫同隱匿，逾限不報，定將該負責
人併案查緝，以示儆戒。
又另行呈請中央政治會議飭浙江省政府將該逆
傅宗耀寧波原籍產業一併查封，以昭儆戒。

（二十二）決議：建議中央，江蘇現值軍事告終，訓政

伊始之際，請指定無錫縣為模範縣，其縣長
人選須在本黨負有最高資望如吳稚暉先生者
充任之，使各縣有所效法，並使吾黨三民主
義次第實現。

中央政治會議上海臨時分會佈告第十八號

為佈告事，案查傅逆宗耀財產迭經本會令飭各機關查封
在案，茲再通告本市各商會、各公司，如有該逆股份產
業，限於登報日起二星期內分別據實呈報上海臨時法院
及淞滬警察廳、上海縣，轉報本會以憑核辦，如有幫同
隱匿，逾限不報，定將該負責人併案查緝，以昭炯戒。
仰各商會各公司一體遵照，毋稍延誤，切切，此佈。

中華民國十六年六月二十二日

第三十六次會議

十六年六月二十四日上午十時

在上海新西區

出 席 委 員：褚民誼　楊樹莊（李景曦代）　吳忠信
　　　　　　　楊杏佛　郭泰祺　蔣尊簋　張性白

臨時代理主席：褚民誼

記　　　　錄：徐佩璜

主席恭讀總理遺囑，全體肅立。

（甲）報告事項

（一）海門縣西二區公民湯文彙呈稱該公民子被人暗殺
　　　兇手業已獲案報載該縣黨員沈鐵錚感電控訐陸冲
　　　鵬等兄弟二人與是案有關完全不確特據實證明除
　　　分呈中央及總司令外請電鑒核豁由

呈悉，已交海門縣查照矣，此批。

（二）上海臨時法院院長盧興原呈覆勸銷國庫券委員袁
　　　慶萱被郭輔庭捏報捕房非法逮捕一案已函復財政
　　　委員會轉知該員向該院告訴矣請鑒核由

呈悉，此批。

（三）江蘇省政府常務委員鈕永建等函覆青浦顧縣長傳
　　　令嘉獎已令飭民政廳查核辦理矣

照復青浦縣商會。

（四）江海關監督俞飛鵬函覆曹炳麟購運食米石數不符

又不將護照與船貨同行顯係私運除批飭外相應查
函奉復由

照復曹炳麟。

（五）中央政治會議浙江分會馬電稱商店夥友應否儕於
工人頗滋疑義請於規定工商條例時明確分別工商
界限以免糾紛由

交實業團體條例起草委員會。

（六）上海市綢綾染業工會第一分會呈報該會改組成立
已加入工會組織統一委員會實行委員制請准予備
案俾眾工友安心樂業由

登冊候交市政府。

（七）甲、上海市海員工會第一分會執行委員會主席黃
顯庭呈報該會成立日期附呈委員名單請鑒核備案由

登冊候交市政府。

乙、上海市海員工會第一分會執行委員會主席黃
顯庭呈報該會由工會統一委員會頒發鈐記即日啟
用請察照

轉特別市黨部。

（八）廣東軍事廳政治部代電稱日本出兵山東不顧公理
侵我主權辱我國體干涉我內政破壞我革命凡我國
民應亟起誓死反對為政府外交後盾等語

抄送中央宣傳部駐滬辦事處。

（九）上海特別市清黨委員會秘書處函稱該會奉令成立
責在肅清上海區域以內之共產黨及一切腐化惡化

份子至於土豪劣紳貪官污吏為社會蠹賊應予一併
嚴重制判不得庇護倘有扶同徇隱一經查覺當負連
帶責任請查照辦理由

存。

（十）清查整理招商局委員會函復蔣伯器已奉中央及國
民政府任為清查整理招商局委員矣崔甦民所請各
節應毋庸議請查照由

存。

（十一）中央宣傳委員會上海分會馬代電稱奉中央執行
委員會宣傳部訓令開中央宣傳委員會上海分會
現經中央執行委員會第九十九次會議議決改為
中央執行委員會宣傳部駐滬辦事處並委定各部
主任等因奉此准於本月二十日改組成立除呈報
外特電聞

存。

（十二）第二路總指揮部政治訓練部主任陳羣函稱奉總
司令部政治訓練部令將東路軍前敵總指揮部政
治部改名第二路總指揮部政治訓練部凡以前屬
於東前總指揮部之各軍師政治部均歸該部管轄
請查照由

存。

（十三）教育行政委員會函復大學區以省為單位上海特
別市不能劃為大學區惟可設國立大學至公私學
校合併問題俟將來聯絡後酌量辦理均經該會議

　　　　決在案請查照由

存，登報。

（十四）上海地方檢察廳長鄭毓秀呈復遵查傅逆宗耀在
　　　　滬南市閘北及城內並無產業情形請鑒核由

存。

（十五）江蘇兼上海財政委員會函復黨員鄭賢昌函陳交
　　　　易所賣買成單應貼用印花一案查係財部範圍已
　　　　將原文函送財部核辦矣請查照轉知由

存（登報）。

（乙）討論事項

一、陸桐生呈稱被跨黨份子誣指為敵方間諜為二十一師拘
　　訊當場搜查毫無證據現羈押在嘉興縣看守所已逾三月
　　患病沉重懇祈轉致東路前敵總指揮部核准釋放由

決議：轉第二路軍前敵總指揮部政治訓練部核辦。

二、溫綸呈稱我國受列強經濟侵略關係重大懇予將歷年
　　外貨輸入數目向海關調查宣傳全國喚起民眾以救惡
　　亡由

決議：轉中央宣傳部駐滬辦事處。

三、先施職工第三分會永安職工第三分會效代電稱公司
　　當局捏造事故工會統一委員會聽信讒言將該會解散
　　並通緝該會執行委員復呈奉東前政治部准予該會
　　十七日開會解決當議決要求三項除分呈東前政治部
　　及通電外電呈始末乞予救濟由

決議：轉特別市黨部。

四、上海衛生委員會函稱請指令衛生局將經費現狀及按
　　月決算呈報本會飭知該會俾於規畫有所依憑由

決議：照辦。

五、安祺呈稱奉本會批准承辦上海內地船捐邇於二十日
　　前往市公所無人接洽二十一日見蔡會計請通知談桂
　　香即日移交詎該會計稱前項預繳六千元並未收到不
　　能交卸二十二日見常務董事楊逸面稱公所與談訂有
　　二年合同現談要求公所賠償損失以致發生困難云云
　　仍無結果查各省承辦捐務向無訂立合同先例顯係該
　　公所與談有不可思議之隱業經本會第卅四次會議議
　　決駁斥在案至預交之款已由財政委員會送該公所查
　　收該公所託詞延挨希圖翻案請指令交卸而重威信由

決議：該董事在此整頓吏治及財政之際，膽敢飾詞頑抗，
　　　　一再蔑視法令，實屬可惡已極。特再傳令申斥，
　　　　以冀懺改，並指令該市公所飭談桂香即日移交，
　　　　勿再遲延，致干嚴究。該民安祺即日前往接收，
　　　　並令警察廳派警保護，上海縣監督，尅日移交，
　　　　毋得延抗。

六、上海工會組織統一委員會呈稱案准中國國民黨上海
　　特別市黨部革命軍第二路總指揮部政治訓練部中央
　　宣傳部駐滬辦事處聯名召集本月二十三日紀念沙基
　　慘案籌備會該會派員參加籌備會議茲以議決案中有
　　是日各工廠全體停工俾全滬工友參加紀念一條於勞

　　資關係輒生影響事前戒備亦費籌維再三計議惟有令
　　各工廠屆時分推代表與會惟議案既由籌備會議議決
　　該會未便表示異議究竟如何辦理請察核令祗遵由

決議：存。

七、江蘇淞滬警察廳長吳忠信呈復遵函調查閘北火災各
　　戶聯合會請求撫卹並飭賠保費一案遵經令飭該廳
　　督察處詳查查得寶山路虯江路等處受災頗重災戶
　　六百餘家男女三千餘口損失三十餘萬之多保險災戶
　　五十六戶計保險費十萬五千餘兩華洋各保險公司藉
　　口非居民失慎實由潰兵炮火所致按照保險章程不負
　　賠償之責據災戶代表沈奎年聲稱火災均由居民心慌
　　意亂遺火成災應照數賠償以符定章爰將派員調查情
　　形連同原呈並取具火災照片四張保險災戶姓名單及
　　保險公司章程具文呈復請予鑒核施行由

決議：分別函知華洋各保險公司從優賠償以重信用，並
　　　函各災戶依照法律手續向法庭進行。

八、上海寶山縣保衛團第一團團總王棟副團總尹鵬呈稱
　　該團經費在市政府未成立以前乞准予轉飭滬北工巡
　　捐局將總捐項下未撥之四個月經費照案撥領以資維
　　持由

決議：仍候交市政府提前辦理。

九、華商紗廠聯合會代表榮宗錦呈稱棉花攙雜久懸厲禁
　　現查浦東棧房存儲此項劣棉頗多請飭所屬出示禁止
　　一經查出並懇悉數充公以儆作偽由

決議：飭警察廳查核辦理。

十、上海特別市商民協會第四區綢綾染業分會籌備委員
　　會主席徐春榮等呈稱奸商孫繼恩假洋商牌壓迫同胞
　　壟斷染業破壞同行規約斷絕職工生計請令飭軍政各
　　署拘孫繼恩到案嚴辦以保民主

決議：飭警察廳查明核辦。

十一、上海市內各地方機關調查委員會呈報該會助理員
　　　瞿慶普等呈報調查上海交易所稅監理官署及蘇州
　　　河洋涇市船捐事務所等機關有改組之必要擬具報
　　　告及條陳各一份經該會第十七次會議議決對於整
　　　頓上海交易所稅監理官署及蘇州河洋涇市船捐事
　　　務所勢不容緩特檢同原件請鑒核決議施行由

決議：（一）整頓上海交易所稅監理官署轉江蘇兼上海
　　　財政委員會轉財政部核復（二）整頓蘇州河及洋
　　　涇市船捐事候交市政府核奪。

十二、上海招商局五碼頭加薪運動聯合會函稱因生計艱
　　　難向總局要求加薪附呈要求條件一紙請本會加以
　　　援助由

決議：轉特別市黨部。

十三、上海閘北房客聯合會總會稱本會前據淞滬警察廳
　　　呈復准滬寧車站鄰近各路各里豁免二三兩月房租
　　　並經四五兩區警署核定災區地段發給佈告現災區
　　　內各房主運動警廳否認此種佈告紛紛在司法衙門
　　　控追兩月欠租雖經律師呈明法院均以未奉本會明

文疑惑不決請將前議決案抄錄一份送審判廳查照
辦理由

決議：照辦。

十四、接收同濟大學委員許陳琦孟心如呈稱奉令接收國
　　　立同濟大學該校前校長阮尚介託詞延宕迄未移交
　　　特縷陳經過情形請示遵由

決議：照上海教育委員會決議案辦理，並令飭阮前校長
　　　剋日移交。

十五、吳淞震旦大學學生會呈稱呂班路震旦大學為反革
　　　命之巢窟該生等設臨時校址於吳淞無非欲為政府
　　　後盾頃見報載本會派褚民誼先生前往該校監試是
　　　助長文化侵略損失政府威嚴請停止派員並將該校
　　　從速接收

決議：查收回教育權中央已定辦法，該生等應靜候解決，
　　　所請著毋庸議。

十六、中華婦女節制協會呈稱年來國內不靖貧民日增麇
　　　集滬瀆瀆敝衣垢面觸目皆是貽笑外人有損國體國
　　　內人士曾有創設機關收留此項難民者然成績鮮著
　　　請本會組織慈善團體統一委員會從事整頓俾無告
　　　窮民得蒙實惠請鑒核施行

決議：存。

十七、上海建設討論會呈請指撥經費附預算冊二分請核
　　　准施行

決議：移交市政府。

十八、決議：呈報中央政治會議，本分會擬於本月底結
　　　束，所有未了事件概移交市政府接辦，請核准
　　　示遵。

（丙）審理事項：無
（丁）處理事項

（一）上海各路商界總聯合會函稱租界當局不徵市民同
　　　意據爾增加巡捕捐現由該會發起定於本月廿三日
　　　下午二時在總商會開租界市民反對增加巡捕捐代
　　　表大會請本會援助並派員指導

續報告事項

十六、江蘇兼上海財政委員會函復安祺承包浦江船隻稅
　　　案又准市公所函請發還預繳稅款以維原案呈稱該
　　　會奉中央及總司令電令為建議審核輔助機關自應
　　　結束改組該船稅案請本會逕行令飭上海市公所遵
　　　辦至加委一節係認商性質無庸加委並請查照辦理
存。

第三十七次會議

十六年六月二十八日上午十時

在上海新西區

出 席 委 員：吳忠信　潘公展　楊樹莊（李景曦代）

　　　　　　　郭泰祺　褚民誼　張性白　蔣尊簋

臨時代理主席：褚民誼

記　　　　錄：徐佩璜

（甲）報告事項

（一）上海裘業職工會呈稱該會組織成立請准予備案由

登冊候交市政府。

（二）上海市清丈局工會第一分會執行委員陳文祿等呈
　　　稱該會組織成立附會章及委員名單各二份祈察核
　　　准予備案由

登冊候交市政府。

（三）大華保險股份有限公司代理人會計師潘序倫呈報
　　　該公司組織成立請准予備案由（附呈各種文件）

登冊候交市政府。

（四）滬南區浦西碼頭裝卸挑扛工會第一分會函稱原名
　　　為浦西碼頭裝卸挑扛工會茲奉工會統一委員會令
　　　更名上海滬南區浦西碼頭裝卸挑扛工會第一分會
　　　請准予備案由

登冊候交市政府。

（五）上海各交易所監察員沈景炘呈報奉令就職請鑒核
　　　備案由

呈悉，准予備案，此批。

（六）上海教育委員會函請本會正式訓令同濟大學前校
　　　長阮尚介尅日移交許陳琦孟心如兩委員接收由

存，三十六次會議已辦。

（七）國民政府教育行政委員會函復上海法政大學繳呈
　　　之畢業證書印花費匯票一紙計共銀壹百參拾四元
　　　業經如數收到由

存。

（八）國民政府外交部函復收回法廨一案已令行特派江
　　　蘇交涉員會同臨時法院擬具收回法廨具體辦法呈
　　　候核奪矣請知照由

存。

（九）江蘇省政府函復查封辣斐德路前省教育會臨時辦
　　　公處及中華職業教育社之社址並提取省教育會案
　　　卷契據移交省教育協會保管案已逕電該會移交協
　　　會接收並分行江蘇交涉署教育廳及該協會查照辦
　　　理矣請查照由

存（登報）。

（十）閘北房客聯合會總會代表樂詩農等呈稱外間近有
　　　誹語攻訐該會特陳明辦理事實及經過情形請鑒核
　　　示遵由

存。

（十一）江蘇省政府全體職員馬代電稱日本出兵山東阻
　　　　我義師撓我北伐蹂躪我領土蔑視我主權江蘇省
　　　　政府同人誓與日本帝國主義始終對抗務達撤兵
　　　　之目的而後已凡我國人同此心理尚祈群起努力
　　　　共圖自存等語

存。

（十二）二十六軍第一師政治訓練部漾代電稱汪精衛違
　　　　反總理主義與共產黨狼狽為奸該部同志願與全
　　　　國民眾共棄之

存。

（十三）滬寧滬杭甬鐵路管理局函稱該局已由國民政府
　　　　交通部頒發各項圖記請查照由

存。

（十四）特派江蘇交涉員郭泰祺呈復飭緝王光強等六名
　　　　准臨時法院函復已轉函工部局警務長轉飭各捕
　　　　房一體嚴密協緝矣請鑒核由

存。

（十五）金傅氏呈稱房東宋永福不顧前約強迫他遷請嚴
　　　　予制止以蘇商困由（附抄合同一件）

呈悉，仰逕赴地方檢察廳起訴可也，此批。

（十六）上海市電氣工會第二分會呈報該工會九十九號
　　　　售票員無故為兵工廠工人毆成重傷經過情形請
　　　　予援助並稱該兇手兵工廠符號為八十一號工會
　　　　符號為一千另十一號並請查照究辦由

呈悉，仰逕赴地方檢察廳起訴可也，此批。

（十七）廣東石龍市各界反對日本出兵華北示威運動大
　　　　會真代電稱日本出兵山東侵犯我國主權破壞國
　　　　際公法助長軍閥兇燄阻止革命進展務望全國民
　　　　眾齊起反對等語

抄送中央宣傳部駐滬辦事處。

（十八）五卅殉難烈士喪葬籌備委員會呈報改組情形檢
　　　　同委員名單暨委員會組織大綱請鑒核備案由（附
　　　　籌備員名單及該會組織大綱各一份）

登冊候交市政府。

（十九）阮尚介函請飭知許孟二委員於本月三十日上午
　　　　前往淞校接收並稱尚介屆時當到校辦理移交由

照知許、孟二委員。

（二十）上海市船業工會第四分會函請轉飭淞滬警察水
　　　　巡隊通令划船一體入會以重會務而維秩序由

轉特別市黨部。

（二十一）上海市內各地方機關調查委員會呈稱已審定
　　　　　財政交通行政警察等表共八十八份分別詳註
　　　　　請鑒核由（附財政表四冊交通表一冊行政表
　　　　　一冊）

待各報告彙齊後，候交市政府排印審查。

（二十二）江蘇省教育會函稱該會已遵令移交於省教育
　　　　　協會請予備案由

准予備案。

（二十三）上海縣長邵樹華呈稱案據上海南市木商改組
　　　　　公會請備案等因到署查新法規尚未頒行無從
　　　　　依據為特檢同該會簡章等件呈請察核示遵由
　　　　　（附簡章會員及職員名冊各一份）

呈悉，已登冊候交市政府核奪矣，此批。

（二十四）江蘇省政府函稱編就省字密電碼一本希察收
　　　　　見復由（附省密電碼一本）

移交時密交黃市長。

（二十五）中央政治會議函開據分會函送預算表二份已
　　　　　函送財部併案辦理頃據該部復稱現正籌議編
　　　　　製預算以資劃一並附來預算書式一紙請轉行
　　　　　分會編製以憑核定等因相應檢抄預算書式一
　　　　　份希即查照從速辦理由

照式補填。

（二十六）上海醫業職工會呈稱該會允嘉定同業之請求
　　　　　曾派員赴該處襄助組織醫業職工分會詎料該
　　　　　縣警所糾合當地土豪阻止進行乞本會備文移
　　　　　咨該縣黨部備案轉飭該所長毋再擅肆威權並
　　　　　懇備一闋文准該會收執前往再懇本會委派指
　　　　　導員赴嘉指導以利進行由

存。

（註）該處組織無論何項職工會，自有該縣特派員及縣
　　　黨部監督指導，無須該工會越俎代庖。

（二十七）上海市區保衛團臨時執行委員會主團姚文枬

等呈報該團統一改組情形並公推李顯謨為團
長除分呈東前指揮部淞滬警廳上海縣署外檢
同章程呈請審核備案由

登冊候交市政府。

（二十八）中央執行委員會宣傳部駐滬辦事處主人陳羣
等函報即日啟用印信請查照由

存。

（二十九）上海濬浦局接收改組委員會呈報該會定期前
往接收濬浦局該會委員郭泰祺等十一人請轉
呈中央政治會議迅予加委由

照准。

（三十）中國國民黨上海特別市清黨委員會函稱凡因共
產嫌疑及土豪劣紳貪官污吏等案被捕獲之罪犯
非經該委員會審查認可各機關不得擅自釋放請
查照由

存。

（三十一）第二路總指揮部政治訓練部主任陳羣函稱案
據南匯縣政治監察員梁烈亞呈稱查張朋在前
縣黨部為會計其行為則為共產黨徒已由該部
通緝在案今又死灰復燃江蘇省黨部特別委員
會幾受朦蔽為特呈請轉報各機關以免再受朦
混等情到部除呈報中央黨部執行委員會外請
查照由

存。

（三十二）國民政府秘書處函稱接准本會為胡明復博士
　　　　　泅水遇難請明令褒獎優予撫卹案已批交教育
　　　　　行政委員會議復希查照由

存。

（三十三）安祺呈報承辦浦江船隻稅接辦日期請察核施
　　　　　行由

存。

（乙）討論事項

（一）顧寶瑞等呈稱青浦縣觀音堂鄉董金雪漁濫用威權
　　　壓迫良懦徇情越職特臚陳事實請令飭該縣縣長撤
　　　委由

決議：飭青浦縣長查明核辦。

（二）上海租界市民反對增加巡捕捐代表大會主席馮少
　　　山等梗代電稱該會竭力反對租界增加巡捕捐附決
　　　議三項請嚴重交涉並予援助由

決議：交交涉公署。

（三）嘉定第一區教育協會執行委員會常委張雲五呈訴
　　　該縣現任市董戴思恭等種種不法請飭該縣撤懲由

決議：飭嘉定縣查明核辦。

（四）海軍江南造船所工會常務委員凌志高等呈稱該會
　　　遵照總司令所頒布之勞資調節條例提出改良工人
　　　待遇條件十二款於該所所長陳藻藩詎知該所長完
　　　全拒絕請本會出為仲裁由

決議：候交市政府辦理。

（五）浦東業主聯合會呈稱房租糾紛不解業主重受損失
　　　再懇依照本會暨警廳前頒布迅賜切實執行以維民
　　　生由

決議：呈悉，市政府成立在即，仰候移交核辦可也，
　　　此批。

（六）上海市救火工會第一分會王雲卿等呈稱閘北救火
　　　會會長徐乾麟等辦理會務黑幕重重並稱該會同志
　　　組織工會被在工會統一委員會執有重要職權之尹
　　　郵夫所反對請本會派員澈查由

決議：轉特別市黨部。

（七）長江輪船公票局董事會會長袁仲慰呈稱該局職工
　　　要求照給薪資火食無法維持請脫離會長職務並懇
　　　派員調解由

決議：轉上海特別市黨部。

（八）上海諸山代表兼上海佛教會會長仰西呈報靜安寺
　　　已根本解決確定為十方叢林經過情形請予備案並
　　　轉飭臨時法院迅將僧志汶及姚志庭顧建山之訴訟
　　　案件撤銷收回假處分之非法命令即日斥逐志汶及
　　　其羽黨出寺除分呈上海縣長及公共租界臨時法院
　　　外請察核施行由（附叢林文件及議決案各一件）

決議：候交市政府，飭公安局查明核辦。

（註）靜安寺規復十方叢林事業，由萬壽寺釋寂山等呈
　　　請備案（二十六次會議討論廿二），已經本會批

准在案。本呈所稱各節顯有隱情，應待查明核奪。

（九）甲、李增芝訴稱該民曾在滬南工巡捐局任查工員
職十二年時楊憲邦主任為滬閔南柘路排圓筒舞弊
事被姚局長偵悉楊商懇代伊受過因而停職事後非
惟食言反而恩將仇報為特呈請飭令工程處楊主任
復該民原職由

決議：飭淞滬警察廳會同上海縣併案查辦。

乙、山晴舫呈訴滬南市公所工程主任楊駿（即楊
憲邦）顛倒欺朦弊混百出請密予飭查嚴究俾分涇
渭而肅政綱由

決議：仝前。

（十）上海法政大學校務維持會呈稱該會曾二次呈送畢
業證書請轉國民政府查驗蓋印業蒙照准各在案迄
今月餘未見發回請再轉呈國民政府核准蓋印迅予
發還由

決議：函詢教育行政委員會。

（十一）上海特別市黨部轉來第六區黨部控訴浦東塘橋
鄉高崧甫王吉甫包辦俄商海滿洋行在鄉私置田
畝事原卷一宗請予辦理由

決議：飭警廳查明禁止。

（十二）上海市內各地方機關調查委員會委員蔣尊簋等呈
報該會助理員陳文科等辦事成績開具各該員姓名
履歷各一冊請予察核咨行各機關分別存記優予任
用並轉呈中央政治會議量予給獎以資鼓勵由

決議：照轉中央政治會議及上海市政府。

（十三）上海特別市黨部轉來公民程祝辰為閘北民眾經
　　　　兵災浩劫請遵照本會議決案實行豁免二三兩月
　　　　房租並查辦警廳長吳忠信事原卷一宗請予辦理由

決議：不理。

（十四）溫綸呈稱內河小汽船拖運貨物自上海迄蘇州等
　　　　處往往以多報少甚至先事聯絡一任網漏請設法
　　　　密查嚴防漏稅以重權政由

決議：轉財政部。

（十五）啟明女校第一班學生顧稚華茅宗蘭呈請令知吳
　　　　淞同濟醫工大學於本年秋季始業始招收女生由

決議：轉中央教育行政委員會。

（十六）吳委員忠信潘委員公展提議請大會公決加推徐
　　　　佩璜為接收及改組揚子江技術委員會及濬浦局
　　　　委員會委員

決議：通過。

（十七）潘委員公展李代委員景曦提議實業團體條例起
　　　　草委員會原定自六月一日起三個月內辦竣結束
　　　　本會通過之預算案除先付過五百元外餘額請由
　　　　本會在結束前照撥以清手續而維會務至該委員
　　　　會起草條例與實業有關應請本會移交市政府督
　　　　促進行

決議：通過。

（十八）吳委員忠信郭委員泰祺潘委員公展提議本會秘

　　書處職員在本會結束時應照原薪發解散費二月

　　請大會公決

決議：通過。

（丙）審查事項：無

（丁）處理事項

（一）九畝地商界聯合會定於六月二十六日下午二時在
　　　九畝地萬竹小學舉行改組成立大會並選舉執行委
　　　員屆時請本會派員貴臨由

（二）上海特別市第四區黨部函稱為籌募北伐軍餉於本
　　　月二十七日借新舞臺舉行遊藝大會除請市黨部備
　　　案外請予備案由

第三十八次會議

十六年七月一日上午十時

在上海新西區

出 席 委 員： 白崇禧（潘宜之代）　蔣尊簋　楊杏佛

　　　　　　　陳其采（沈澤春代）　潘公展

　　　　　　　楊樹莊（李景曦代）　郭泰祺

臨時代理主席： 蔣尊簋

記　　　　錄： 徐佩璜

主席恭讀總理遺囑，全體肅立。

（甲）報告事項

（一）上海市內各地方機關調查委員會呈報審定市政機
　　　關表五十三份黏簽備誌請察核由附市政機關表五冊

俟彙齊後，交市政府排印審查。

（二）廈門市黨部宥電稱大北電報局在廈壓迫工人希轉
　　　滬上各界勿由該局拍電由

轉特別市黨部。

（三）中國公學臨時委員何魯呈稱該校丁卯級商法二科
　　　學生已給與畢業證書及學士文憑請察核備案由附
　　　畢業生名冊二本

轉教育行政委員會。

（四）國民政府秘書處函稱奉委員會交下本會函述上海
　　　黨務訓練所成立經過及財政困難情形並該所預算

　　　　請飭財政部照撥奉批交中央黨部除遵照送交外即
　　　　希查照由

照知上海黨務訓練所。

（五）上海衛生委員會三件（一）呈復淞滬衛生局長劉
　　　　緒梓呈報該局招商投標承運各區垃圾緣由並附辦
　　　　理章程請鑒核施行一案經該會第四次會議議決所
　　　　擬章程尚屬完備請鑒核施行（二）函稱奉本會諭
　　　　並馬季洪函稱公立上海醫院庸醫孔多貽誤匪淺一
　　　　案經該會第四次會議議決推俞雲岫宋梧生二委員
　　　　實地調查俟得報告即當呈復核示（三）函稱奉令
　　　　澈查前淞滬衛生局取締醫生並未照章考試濫發執
　　　　照案經第四次會議議決推定李鏡湖徐乃禮二委員
　　　　實地調查俟得報告即再呈復

存。

（六）江蘇省教育協會沁代電稱已於數日同上海教育委
　　　　員會暨省黨部代表接收省教育會俟審查完竣再行
　　　　呈報先此電聞

存。

（七）國民政府教育行政委員會函復收回教育權一事經
　　　　於昨年制定私立學校等三種規程公布並通令各省
　　　　教育廳切實執行有案現議決重行布告並令行江浙
　　　　皖閩各教廳遵照辦理請查照

存。

（八）甲、上海臨時法院院長盧興原呈復稱郭輔庭捏報

英捕房派探非法逮捕袁慶萱案遵令發票拘拿郭逆
輔庭到案訊究一面函致工部局調查該逆在英美租
界財產矣請鑒核

存。

乙、上海臨時法院院長盧興原呈稱頃據工部局函
復以郭輔庭住址不明無從傳喚到院除函知財政委
員會查照外請察核

存。

（九）無錫旅滬學生會代表華立呈報該會組織緣起附章
程宣言各一份請鑒核備案

轉特別市黨部。

（十）上海特別市商民協會籌備處呈報籌備員王承志等
於七月六日就職請派員指導

存。

（十一）上海地方審判廳函請抄送本會議決核定閘北災
區地段及本案議決錄一份俾資遵循由

照送，災區地段詳圖飭警廳造送。

（十二）上海市總董李鍾珏呈復遵飭浦江船稅前認商談
桂香已即日移交安祺接辦情形請鑒核備案

存。

（十三）中央執行委員會組織部函開接准本會函轉上海
黨務訓練所所長潘宜之先後呈請三件到部查
一二兩案已由本部分別函知第三案財政委員會
另有議決希查照飭遵

轉上海黨務訓練所。

（十四）淞滬警察廳函復遵飭查明取締上海各房客聯合
　　　　會擅自挨戶收費情形請察核附繳原呈五件

照知特別市黨部商民部。

（十五）江蘇交涉員郭泰祺函稱飭向領團交涉取消逐出
　　　　租界之判決案查此項協定我國民政府始終並未
　　　　承認以前判決姑置不論惟希以後不再沿用除函
　　　　臨時法院查照外請查照附繳原呈一件

存。

（十六）江蘇交涉公署函稱據美國駐滬總領事函開七月
　　　　四日為美國獨立紀念節期在該署開會款待來賓
　　　　藉資慶祝敬請我國文武官員貴臨等因請察照

存。

（十七）中央政治會議勘電開迴電請准於本月底結束所
　　　　有未了事件概移交上海特別市市政府接辦等情已
　　　　悉經本會一〇九次會議議決照遵希即遵照辦理

遵照辦理。

（十八）中央政治會議勘電開呈請加委揚子江技術委員
　　　　會接收改組委員及楊豹靈抗不移交請明令通緝
　　　　到案嚴辦各等情經一〇九次會議併案討論並議
　　　　決由接收改組委員會推代表到寧報告除原呈先
　　　　交外交部核辦外請轉飭遵照

函知揚子江技術委員接收改組委員會遵照辦理。

（十九）中國國民黨黨員俱樂部籌備處呈稱該部定於七

月一日成立請准予備案並派員指導

轉特別市黨部。

（二十）江蘇省政府函復上海縣保衛團之前訂條例在統
　　　　一辦法未經公布以前似可暫用除令飭該縣遵照
　　　　外請查照

存。

（二十一）上海華洋布業職工會第三分會呈稱該分會定
　　　　　於七月二日上午八時開成立會請派員指導由

轉特別市黨部。

（二十二）中央政治會議函復傅逆宗耀所有寧波原籍產
　　　　　業已咨請國民政府令飭省政府照辦希查照由

存。

（二十三）上海縣縣長邵樹華呈復遵令派員監同蔡會計
　　　　　等已將船捐局點交現辦商人安祺接收請察核由

存。

（二十四）國民政府清查整理招商局委員會函復稱該會
　　　　　議決對於中國商船駕駛員總會解僱英籍船員
　　　　　改用國人以挽國權而利航行之主張極表同情
　　　　　將來擬定整理並改組招商局計畫時得採納該
　　　　　總會主張呈報政府核辦除函復該總會外請煩
　　　　　查照由

存。

（乙）討論事項

一、閘北各商號徐天盛等呈稱滬北工巡捐局局長王和一
　　切措施悉依民意上海市政府行將成立深盼王局長於滬
　　北之外更注意於滬南則事權統一易底於成請垂察由

決議：存。

二、久泰美記營造廠代表楊湘泉呈稱該廠添築江灣上海
　　大學校舍遺下材料工具等物在內當東前總政治部查
　　封該校時均被封鎖請迅飭江灣警局如數放還由

決議：轉第二路軍總指揮部政治訓練部核辦。

三、嘉定縣陳店鄉公民李占沅等呈稱該鄉興華墾牧漁業
　　公司置產挖泥有妨農業請派員詳查依法嚴辦並請立
　　拘許志芳石敬塘李信仁印鑑昌到案治罪以儆不法由

決議：交嘉定縣，與前交各案併案辦理。

四、上海濬浦局接收改組委員會呈稱本會結束在即在中
　　央政治會議未經明令發表以前究應秉承何方命令辦
　　理祈示遵由

決議：應秉承中央政治會議辦理。

五、揚子江技術委員會接收改組委員會呈稱本會結束在
　　即在中央政治會議未經明令發表以前究應秉承何方
　　命令辦理祈示遵由

決議：應秉承中央政治會議辦理。

六、閘北房客聯合會總會負責代表樂詩農等呈稱房主矇
　　混警廳變更前令請派員調查維持初次議決之成案補
　　給令文使災區續報之各里一律准予免租兩月除呈淞

滬警廳外請察核施行由附閘北兵災區域圖二紙

決議：交警廳。

七、上海縣長邵樹華呈報內地自來水公司報查傅逆宗耀
　　股份情形及已過他戶股單號數列單二紙請鑒核令遵由

決議：存。

八、和記商輪局新廣利輪船經理錢成霖呈稱商輪在軍前
　　工作土豪挾日本旗幟占我航線抄附奉准立案合同請
　　令行江海關及地方官廳軍警將破壞公益違法行駛之
　　津海輪船立予扣留一面仍請將丁鳳山等照懲治土豪
　　劣紳條例究辦由（附抄合同及土豪名單各一紙）

決議：飭警廳查明核辦。

九、南洋烟草職工同志會失業工人團呈請設法復工並向
　　廠方要求條件六條統希鈞裁由

決議：轉特別市黨部。

十、新聞路和樂里房客代表人沈博塵等呈稱該里建築簡
　　陋租價太昂經房客一再商請酌減租金量予改良詎料
　　該房主徐棣三非惟不允反聲稱業已售與外人是甘心
　　媚外藉勢凌人請秉公調查設法救濟由附致房主函二件

決議：轉特別市黨部。

十一、上海衛生委員會呈復遵令審查淞滬衛生局擬具夏
　　　令衛生臨時經費預算書夏令衛生實施計畫書現已
　　　畢事其經費核減呈四萬四千四百二十元祈核准施
　　　行由（附繳原擬預算及實施計畫各一件並該會審
　　　查預算及實施計畫各一件）

決議：候交市政府。

十二、國民革命軍第二路總指揮部政治訓練部函轉房客總聯合會呈稱為經費竭蹶實行收費懇核轉政治分會並令行警廳一體保護由

決議：駁斥。

十三、上海縣長邵樹華呈稱遵查蒲淞市總董顧孝清等被潘生貴等呈控喪失國權違法殃民等情併案查復請鑒核由（附訊聞筆錄市黨部來往函件並繳潘生貴等原呈王建秋等原呈及圖樣縣令計八件）

決議：存。

十四、中國科學社呈請撥給官產建設理化研究所由

決議：准撥官產或逆產，移交上海市政府辦理。

十五、江蘇著名學閥黃炎培郭秉文袁希濤沈恩孚蔣維喬歷年依附軍閥及帝國主義者把持全國教育及文化事業操縱江蘇政治現聞仍在各方活動應請中央政治會議明令褫奪公權並令各教育及其他機關永遠不許延用

決議：通過。

十六、現代評論社函請酌撥津貼一二千元以資在滬開辦之用

甲、決議：准撥銀一千元。

乙、又決議：撥給公論日報津貼費銀貳千元。

十七、決議：關於傅逆宗耀案，另彙案移交市政府接收辦理。

十八、決議：本會各項案卷儘本月六日以前結束，七日
　　　　以前函請市政府派員接收。

十九、決議：本會附設上海教育委員會及上海衛生委員
　　　　會移交市政府。

二十、決議：實業團體條例起草委員會移交中央法制局。

二十一、決議：接收改組揚子江技術委員會及濬浦局委
　　　　　員會，除業經呈請中央加委外，請改隸中央
　　　　　辦理。

二十二、決議：上海市地方機關調查委員會應即結束。

二十三、決議：清查游民及模範工廠委員會移交勞働大
　　　　　學籌備處。

二十四、決議：本會受理各方案件，除上寶兩縣移交市
　　　　　政府外，其他文件及印信等件一律移送中央政
　　　　　治會議。

二十五、決議：本會五、六兩月已領未領費如有剩餘，
　　　　　概撥作上海黨務訓練所經費，由該所向中央實
　　　　　報實銷。

二十六、決議：所有本會六月份預算洋壹萬五千貳百元，
　　　　　委託上海黨務訓練所所長潘宜之前往財政部
　　　　　領取。

（丙）審查事項：無

（丁）處理事項

（一）第二路總指揮部政治訓練部函稱七月一日上午十一時在新舞臺舉行國民政府二周紀念祈派代表參加由

中央政治會議上海臨時分會佈告第十九號

為佈告事，本會前以上海市政府成立在即，曾於第三十六次會議議決於本月底結束。所有未了事件概移交上海特別市市政府接辦，經呈准中央政治會議在案。茲遵於本日第三十八次會議議決：

（一）本會所有案卷儘於本月七日以前趕辦結束，關於上寶兩縣移交上海特別市政府，其他各件及印信等一律移送中央政治會議。

（二）本會附設之上海教育委員會、上海衛生委員會移交上海特別市市政府。

（三）實業團體條例起草委員會移交中央法制局。

（四）接收改組揚子江技術委員會及濬浦局委員會，除業經呈請中央加委外，嗣後改隸中央政治會議直接辦理。

（五）上海市內各地方機關調查委員會應於本月四日前結束具報。

（六）清查接收游民模範工廠委員會移交勞働大學籌備處。

（七）本會自通告日起，一切公文概不受理。

為此，除呈報中央並分別函知外，仰各機關商民人
等一體遵照，此佈。

中華民國十六年七月二日

中國國民黨中央政治會議上海臨時分會題名錄

目錄

一

本會委員錄

姓　名	號		住址
蔡元培	子民		慕爾鳴路昇平街二四三號
楊樹莊	幼京		高昌廟海軍總司令部
蔣尊簋	百器		北京路瑞康末弄電話中央六〇六六、八五三九號
陳其采	靄士		聖母院路慶順里三號電話西一七七七號
何應欽	敬之		憶定盤路Ａ六二號
郭泰祺	復初	（常務委員）	馬斯南路一一九號電話西六三四號
楊銓	杏佛		環龍路銘德南里七號
白崇禧	健生		龍華總指揮部
吳忠信	禮卿		辣斐德路拉都路三一一號
褚民誼			環龍路志豐里五號
孟心史		（常務委員）	蒲柏路貝勒路角四二〇號
潘公展		（常務委員）	同孚路大中里 448
吳倚滄			市黨部轉
陳羣	人鶴	（常務委員）	新西區舊道尹公署
歐陽格			福履理路一三二號
張性白			南京路望平街口模範公廠辦事處轉

二

本會秘書處職員

姓　名	籍　貫	通訊處
徐佩璜	江蘇吳江	
林仲川	廣東瓊縣	
方思九	湖北蘄春	
于心澄	山東郯城	
孫　顯	浙江吳興	
朱有恒	江蘇嘉定	
郭槑興	湖北廣濟	
周平瀾	江蘇常熟	
張孟傑	浙江嘉興	
陳笏書	浙江嘉興	
陳彙進	浙江鎮海	
陳家駒	浙江吳興	

三

衛生委員會委員　會址陶爾斐斯路五十六號

姓　名	通訊處
謝應瑞	南京路新世界對面大慶里
牛惠霖	靜安寺路三二九號
周君常	靜安寺路福源里二三號
葉漢臣	郭復初轉
吳谷宜	楊杏佛轉
樂文照	白克路四號
徐乃禮	北京路東海里三一二號
鍾淑貞	愛文義路廣仁醫院
許文韶	李景曦轉
朱希洛	南京路華英藥房轉
余雲岫	愛而近路一一八號
郭琦元	滬軍營東南醫校
劉之剛	霞飛路申江醫院
宋梧生	極司斐而路中行別業十號
褚民誼	見委員錄
湯兆豐	南京路華英藥房轉
陳人杰	貴州路久記社樓上
李鏡湖	東前總指揮部
劉　縉	東前總指揮部
許陳琦	孟心史轉
劉緒梓	淞滬衛生局

四

上海教育委員會委員　陶爾斐斯路五十六號

姓　名	通訊處	
蔡元培	見委員錄	
李石曾	褚民誼轉	
褚民誼	見委員錄	
張默君	南京教育廳	
王世杰	交涉公署條約委員會轉	
周　覽		
胡明復	大同大學	已故
楊杏佛	見委員錄	
朱經農	光華大學	
劉大白		
周　仁	白爾蒲路新民里十二號	
姜　琦	暨南學校	
陳德徵	市黨部	
桂崇基	同上	
黃惠平	同上	

五

實業團體條例起草委員　陶爾斐斯路五十六號

姓　名	通訊處
馮柳堂	福州路商報館
周鯁生	交涉公署條約委員會轉
王世杰	仝前
盛　俊	愛多亞路紗布交易所五樓貨價調查處
孟心史	見委員錄
潘公展	見委員錄
沈澤春	北京路敦貽里一一五二號
楊端六	商務印書館
王岫廬	仝上

六

宣傳委員會 小東門糖洋雜貨公會三樓

姓 名	通訊處
郭泰祺	見委員錄
余日章	香港路全國青年協會
潘公展	見委員錄
潘宜之	仝
陳 羣	仝
陳德徵	民國日報館
孟心史	見委員錄
葛建時	南京江蘇省黨部
趙石龍	市黨部
嚴慎予	民國日報館
林知淵	海軍政治部
冷欣	警察廳政治部
陳布雷	民國日報或時事新報
謝福生	香港路公論日報

七

接收及改組上海總商會委員

姓 名	通訊處
錢新之	漢口路三號四行準備庫
馮少山	上海總商會
王一亭	蓬萊路喬家浜
潘宜之	龍華總指揮部
郭復初	見委員錄
吳禮卿	見委員錄

八

討論接收及改組揚子江技術委員會及濬浦局委員

姓　名	通訊處
郭泰祺	見委員錄
李景曦	金神父路福履理路福綏里一四六號
朱賡三	新閘路賡慶里六衖七〇三號
張弌鳴	華格臬路二四九號
許心武	愛多亞路九號中華建業合作社
宋希尚	寧波路十號左海公司
奚定謨	孟心史轉
趙錫恩	上海總商會
沈百先	聖母院路慶順里九號
沈　怡	郭復初轉
李祖範	同上

九

上海市內各地方機關調查委員會

姓　名	通訊處
蔣尊簋	見委員錄
湯濟滄	新閘成都路尋源中學
朱文鑫	東華大學
虞和德	海寧路
張弌鳴	華格臬路二四九號

十

會計師公會改組委員會

姓　名	通訊處
徐永祚	
童詩閏	
徐廣德	
俞希禝	
熊寶孫	
周增奎	
潘序倫	
貝祖翼	
李　澂	
張家棟	
趙祖慰	
聞亦有	
陳日平	

十一

改組律師公會籌備委員

姓　名	通訊處
黃鎮磐	
秦聯奎	
李祖虞	
譚毅公	
李時蕊	
黃煥昇	
駱通	
陳文照	
劉祖望	
湯應嵩	
姚文壽	
席裕昌	
沙訓義	
陳霆銳	
張恩灝	

十二

清查招商局委員

姓　　名	通訊處
張人傑	新閘武定路鴻慶里八三八號
蔣尊簋	見委員錄
郭泰祺	見委員錄
陳光甫	寧波路上海銀行
錢永銘	漢口路三號四行準備庫
宋漢章	上海中國銀行
楊杏佛	見委員錄
潘宜之	龍華總指揮部
虞和德	海寧路
楊端六	
李孤帆	

十三

清查接收遊民模範兩廠委員

姓　　名	通訊處
吳忠信	見委員錄
嚴慎予	民國日報館
沈澤春	北京路敦貽里一一五二號

國民政府史料 02
中國國民黨中央政治會議紀錄
上海分會
Minutes of Central Political Council:
Shanghai Sub Political Council

編　　者　民國歷史文化學社編輯部
總 編 輯　陳新林、呂芳上
執行編輯　李佳若
文字編輯　詹鈞誌
審　　訂　陳佑慎
封面設計　陳新林
排　　版　溫心忻

出 版 者　🛡 開源書局出版有限公司
　　　　　香港金鐘夏慤道 18 號海富中心
　　　　　1 座 26 樓 06 室
　　　　　TEL：+852-35860995

　　　　　✳ 民國歷史文化學社
　　　　　10646 台北市大安區羅斯福路三段
　　　　　　　　37 號 7 樓之 1
　　　　　TEL：+886-2-2369-6912
　　　　　FAX：+886-2-2369-6990

銷 售 處　源流成文化 股份有限公司
　　　　　10646 台北市大安區羅斯福路三段
　　　　　　　　37 號 7 樓之 1
　　　　　TEL：+886-2-2369-6912
　　　　　FAX：+886-2-2369-6990

初版一刷　2019 年 6 月 28 日
定　　價　新台幣 350 元
　　　　　港　幣 90 元
Ｉ Ｓ Ｂ Ｎ　978-988-8637-02-7
印　　刷　長達印刷有限公司
　　　　　台北市西園路二段 50 巷 4 弄 21 號
　　　　　TEL：+886-2-2304-0488